AF338649

DESCRIPTION

DES

MARBRES ANTIQUES

DU MUSÉE CAMPANA

A ROME

PAR

M. HENRY D'ESCAMPS

MEMBRE TITULAIRE DE LA SOCIÉTÉ ORIENTALE DE FRANCE
ET DE PLUSIEURS SOCIÉTÉS SAVANTES
CHEVALIER DE L'ORDRE DE SAINT GRÉGOIRE LE GRAND

SCULPTURE GRECQUE ET ROMAINE

PARIS

TYPOGRAPHIE DE HENRI PLON

IMPRIMEUR DE L'EMPEREUR

RUE GARANCIÈRE, 8.

1856

TABLE DES MATIÈRES.

EXPLICATION DES ABRÉVIATIONS.

Antich. d'Ercol. — Antichità d'Ercolano.

Descript. of the Brit. Mus. — Description of the British Museum.

Descript. du Mus. des ant. du Louvre — Description du Musée de Sculpture antique du Louvre par le Cte de Clarac, 1847.

Icon. gr. et rom. — Iconographie grecque et romaine par E. Q. Visconti.

Mon. ant. du Mus. — Monuments antiques du Musée Napoléon par Petit-Radel, etc.

Mon. Gab. — Monuments de Gabies.

Mon. inéd. — Monuments inédits par Winckelmann.

Mon. Matt. — Monumenta Mattæiana ou Recueil de statues de la Villa Mattei.

Mus. des ant. — Musée Français des antiques, de Robillard, Péronville et Pierre Laurent.

Mus. Borbon. — Musée Borbonico (Galeries de Naples).

Mus. Cap. — Musée du Capitole.

Mus. Clém. — Musée Pio-Clémentin.

Mus. Florent. — Musée de Florence.

Mus. di Mant. — Museo di Mantova par Labus.

Mus. Roy. — Musée royal de Henri Laurent.

INTRODUCTION.

Le Musée Campana, à Rome, est une des collections les plus vastes, les plus variées et les plus importantes qui aient jamais été formées en Europe, soit par des particuliers, soit par des gouvernements, sans excepter les galeries les plus célèbres.

C'est faire noblement usage d'une grande fortune que de l'employer à recueillir à prix d'or et avec des peines infinies, pendant près de trente ans, ce qui peut honorer non-seulement un pays, mais encore l'esprit humain tout entier. M. le marquis Campana s'est trouvé en Italie dans une position tout exceptionnelle pour réunir un ensemble aussi extraordinaire d'objets d'art. Il faut même dire que, seul, il n'eût pu suffire à une telle œuvre, s'il n'eût acquis des collections déjà toutes formées ou des fragments de collections ayant appartenu à des amateurs, princes ou cardinaux, qui, antérieurement, en avaient fait l'objet de leurs recherches personnelles. Ajoutons que M. le marquis Campana est lui-même un archéologue distingué, correspondant de l'Institut de France. Guidé par la tradition et par une expérience consommée, il a organisé des fouilles artistiques, qui ont été, pour la plupart, extrêmement heureuses. Il a entrepris successivement à grands frais des recherches à Rome, à Naples, dans les villes de l'ancien Latium, dans les nécropoles de l'Étrurie, de la grande Grèce, et, en dernier lieu, dans le territoire de Cumes et de Sorrente, à la suite des travaux ordonnés par le Prince Léopold, Comte de Syracuse, l'un des frères de S. M. le Roi de Naples. C'est ainsi que les nécropoles de Cumes et de Sorrente, ensevelies et fermées depuis tant de siècles, se sont ouvertes, de nos jours, pour enrichir le Musée Campana de leurs riches dépouilles et des spécimens magnifiques de leur grandeur disparue.

Enfin, il ne se découvre pas en Italie, il ne paraît pas à Rome un morceau précieux dont l'acquisition ne soit proposée, avant tous, à M. le marquis Campana.

Tels sont les divers éléments qui ont concouru à former ce Musée, dont la célébrité est aujourd'hui européenne, et dans lequel, par suite d'efforts aussi habiles que persévérants, on a réussi à former, en fait de collection privée, l'œuvre la plus étonnante qu'il ait été donné à un seul particulier de mener à fin.

Le Musée se divise en plusieurs Sections, qui, elles-mêmes, se subdivisent en différentes branches.

Ces Sections sont au nombre de dix.

La première est celle qui comprend la SCULPTURE ANTIQUE, grecque et romaine : elle fait l'objet de la présente publication. Cette Section, comme on le verra par la suite, offre, dans un ordre chronologique et par la série de ses monuments, les pages les plus intéressantes de l'histoire de la Grèce et de Rome. C'est ainsi qu'elle déroule aux yeux du spectateur, à la fois, les annales de l'art et les annales de l'histoire chez les anciens.

La Section suivante est celle des BRONZES : bronzes étrusques, grecs et romains, statues, bustes, urnes, armes défensives et offensives, miroirs, vases, candélabres, cistes, coffrets, strigiles, ustensiles domestiques et sacrés des anciens. C'est dans cette partie du Musée que se voient ces casques aux formes variées, en argent massif ou incrustés de feuilles d'argent, ou décorés de couronnes d'or, parmi lesquels on remarque le célèbre casque de la nécropole de Vulci, incrusté d'argent et d'or. On y admire surtout la fameuse statue étrusque couchée, jusqu'ici inédite, découverte à Pérouse, et la statuette si curieuse d'Ascagne, fils d'Énée.

Dans la troisième Section se trouvent classées les TERRES CUITES ANTIQUES, statues, bustes, bas-reliefs, sarcophages, ornements d'architecture, frises, figurines, modèles en creux, etc. Cette partie du Musée a été l'objet d'une somptueuse publication in-folio, avec planches et texte, faite avec beaucoup d'intelligence et de luxe par M. le marquis Campana lui-même. Cette publication ne comprend malheureusement qu'une centaine de bas-reliefs en terre cuite, ce qui ne constitue qu'une seule des branches dont se compose cette section, l'une des plus importantes, sans contredit, du Musée.

La quatrième Section, celle des BIJOUX ANTIQUES, est l'une des plus curieuses et des plus rares, par les riches et nombreuses pièces qui y brillent ; elle forme un véritable *trésor d'argent et d'or*. Cette Section embrasse tout ce qui, en bijoux ou pierres précieuses, concernait dans l'antiquité la toilette des femmes, l'ornement et l'habillement des prêtres, des guerriers, et, en général, les usages civils, religieux et funèbres des anciens. L'art de l'orfèvrerie, dans lequel les peuples de l'Italie ont déployé un talent et un goût exquis, y est représenté par des diadèmes, des colliers, des bracelets, des broches, des pendants d'oreilles, des bagues et des pierres montées, émeraudes, cornalines, rubis, sardoines et agates, d'un travail extraordinaire.

Dans la cinquième Section, l'une des plus étendues et des plus rares, se rangent les catégories diverses de VASES ÉTRUSQUES ET GRECS. Cette section se subdivise en six classes, et compte on ne sait combien de milliers de pièces, du dessin le plus pur et le plus original, qu'aucun cabinet n'a pu réunir jusqu'ici, et qui n'existent pas même au Musée de Naples, si riche pourtant sous ce rapport. Les nécropoles de Veïes, de Céré, de Tarquinia, de Vulci, de Pérouse, de Vetulonia, de Chiusi, ont fourni ces admirables spécimens, si précieux pour la science archéologique, d'un art homérique qui déroule sur le flanc de ses vases, à fond noir ou rouge, tout le poëme ancien, le combat des Géants, la prise de Troie, l'histoire d'Achille, d'Hector, des Argonautes, des Danaïdes, etc.

La sixième Section, dite des Médailles antiques, n'est pas la moins curieuse ni la moins remarquable dans le Musée. Ces médailles ont ceci de particulier qu'elles sont toutes d'or, au nombre de plus de quatre cents, et qu'elles s'échelonnent depuis les premiers temps de la république jusqu'à la décadence, en traversant la belle époque impériale, pour finir à l'empereur Phocas. C'est une collection assurément très-précieuse par sa valeur intrinsèque; mais beaucoup plus précieuse encore par son importance historique et numismatique.

Dans la septième Section, on a réuni les Camées et les Pierres gravées, scarabées, bagues, etc., au nombre de plus de deux cents pièces montées en or, et en grande partie étrusques. Plusieurs de ces pierres sont admirablement gravées et sont citées dans les ouvrages d'archéologie. On remarque parmi les camées celui de l'impératrice Julie, qui a appartenu à Alexandre VII, et celui de l'empereur Pertinax, trouvé à Tusculum.

La huitième Section, celle des Verres, offre une partie très-curiéuse pour l'histoire domestique des anciens : ce sont des verres, des vases, des ustensiles, des coupes, des vitres, curiosités la plupart étrusques, des flacons de verre coloré, aussi précieux et aussi finis que ceux de Murano et de Venise, et imitant les pierres précieuses. Toute la toilette des dames romaines est là. On y admire, entre autres, des flacons aussi extraordinaires pour l'élégance de la forme que pour la composition de la matière, qui démontrent que les anciens, et surtout les Étrusques, entendaient la fabrication du verre aussi bien, et mieux peut-être, que les modernes.

La neuvième Section est consacrée aux Fresques ou peintures antiques : elle se compose de fragments détachés des murs, sur lesquels sont représentés tous les sujets de la mythologie et de l'histoire ancienne. A l'exception des peintures du Musée Campana, il n'y a qu'à Naples, au musée de Pompeï, qu'on peut voir et étudier ces curieux monuments de l'art de la peinture étrusque, grecque et romaine, parmi lesquels on distingue celle qui a été l'objet d'un travail du fameux antiquaire P. Secchi, correspondant de l'Institut de France. On y voit les ombres ou larves d'une famille établie à Rome sous l'empire, au sujet de laquelle des vers grecs d'une élégance attique, sculptés dans la pierre, donnent des détails intéressants.

La dixième Section enfin est le Musée particulier de Cumes et de Sorrente. Il est formé de tous les objets provenant des fouilles célèbres qui ont eu lieu sous la direction de S. A. R. le Comte de Syracuse, tant à Cumes que dans la nécropole de Sorrente, œuvres d'art en marbre et en bronze, statues, vases, colonnes, entablements, chapiteaux, curiosités de tout genre qu'on chercherait vainement ailleurs.

On voit, par la simple énumération sommaire des richesses réunies dans chacune des dix Sections du Musée, de quelle importance un pareil ensemble doit être pour l'histoire et pour l'art.

Chacune des divisions d'une telle galerie suffirait à constituer, à elle seule, un musée.

On comprend aussi qu'il est impossible d'entrer dans des détails plus circonstanciés sur chacune des dix Sections. Un travail aussi considérable demanderait plusieurs années et la vie tout entière d'un archéologue. En effet, comme nous l'avons dit, c'est une résurrection de tout ce qui se rattache à l'origine, à l'histoire, à la vie civile, religieuse et militaire des peuples anciens, dans ces contrées si pleines de souvenirs : l'antiquité s'y retrouve, depuis les bijoux délicats destinés aux dames de l'Étrurie, de la grande Grèce ou de Rome, jusqu'à ces figures colossales de marbre qui décoraient les thermes ou les temples des anciens, imposants témoins de la puissance des Césars.

La présente publication n'a été entreprise que pour donner seulement une idée de la Section de la Sculpture Antique; et encore, parmi les marbres de cette Section importante, il a fallu se restreindre à un nombre très-circonscrit de statues et de bustes. Ainsi, il a fallu s'arrêter, notamment pour la série des bustes des Empereurs, au règne de Caracalla, quoique cette curieuse galerie iconographique eût pu se prolonger au delà et qu'elle présentât par elle-même le double intérêt de l'histoire et de l'art.

Certes, c'est un admirable pays, il faut en convenir, que ce sol classique de l'Italie ancienne. A peine l'homme a-t-il soulevé avec respect cette noble terre, qu'elle semble lui restituer avec orgueil les merveilles de grâce et de perfection qu'elle tenait cachées dans son sein. En présence de ces faits, on se demande comment on peut trouver encore chaque jour, en Italie et en Grèce, tant et de si admirables chefs-d'œuvre enfouis dans la terre, après tout ce qui est sorti déjà de ses entrailles fécondes. Cette prodigieuse quantité de statues, généralement très-belles, est due au goût passionné des anciens pour la sculpture, et la glorieuse perfection s'en explique par la perfection même des écoles grecques, perfection continue, persistante, qui resta pendant des siècles à la même hauteur.

En effet, quoi qu'en ait pu dire Winckelmann (1), qui ne voulait voir, à partir de la mort d'Alexandre, « que le règne des imitateurs, » l'art grec se maintint dans toute sa beauté, et brilla même au delà de cette période; car la plupart des chefs-d'œuvre qui nous sont parvenus et qui sont encore chez nous l'objet d'une admiration qui ne se lasse point, paraissent avoir été exécutés dans les quatre siècles qui suivirent la mort de Praxitèle ou du moins celle d'Alexandre (2). L'histoire entière de l'art grec est donc là pour nous attester que cette école resta toujours au niveau d'elle-même dans chacune des périodes de son éclatante carrière, depuis Dédale jusqu'à Phidias; depuis Phidias, Myron, Polyclète, Naucydès, jusqu'à Scopas, Lysippe, maîtres glorieux, et jusqu'à cette double époque si variée et si riche qui la termine, dont chaque artiste a produit des chefs-d'œuvre impérissables qui ont porté leur nom jusqu'à nous. Ces artistes sont : Agasias, qui a fait le *Gladiateur mourant;* Polyeucte, qui a sculpté le *Démosthènes;* Cléomènes,

____

(1) Winckelmann, tom. II, liv. IV, ch. vi, p. 255 et suiv.

(2) Émeric David, *Essai sur le classement chronologique des sculpteurs grecs,* p. 54.

l'auteur des *Muses* et de la *Vénus de Médicis;* Polyclès, qui a modelé l'*Hermaphrodite;* Apollonius,
qui a créé ce *Torse* qu'admirait tant Michel–Ange; et cet autre Cléomènes, qui s'est illustré par
le *Germanicus* du Louvre; et ce Philiscus de Rhodes, dont Pline vante les *Muses*, la *Vénus* et
l'*Apollon;* et, enfin, ces admirables artistes de Rhodes, frères par le talent, qui fixèrent les
angoisses de la douleur dans le marbre sublime du *Laocoon.*

L'illustre Visconti, dont le nom est porté de nos jours, à Rome, par une postérité si digne de
lui, Visconti a rétabli, le premier, les quatre siècles postérieurs au règne d'Alexandre, à la
place glorieuse que, dans un arrêt d'ostracisme réformé depuis par une critique mieux éclairée,
Winckelmann leur a vainement disputée; le premier, Visconti a proclamé la solidarité continue
des écoles grecques, en les honorant également dans la série tout entière de leurs maîtres
insignes, et en protégeant de l'autorité de son goût et de sa judicieuse érudition les noms, mis
à l'écart, des Cléomènes, des Pasitèle, des Apollonius, des Athénodore. Certes, les époques qui
ont produit les chefs-d'œuvre dont nous venons de parler, la *Vénus de Médicis,* le *Torse,* l'*Hercule
Farnèse* et le *Laocoon,* sont des époques originales et des époques immortelles. La postérité plus
équitable s'est rangée à l'avis des Visconti, des Heyne, des Émeric David; et celui qui écrit ces
lignes, loin de vouloir rétrécir le cercle de l'admiration publique, se joint à ces devanciers
illustres pour restituer en entier à l'art grec sa riche couronne. On ne saurait trop glorifier une
nation qui, comme la Grèce, fut la mère des lettres et des arts, et sut porter si longtemps dans
ses mains ce double flambeau, qui était alors le flambeau même de l'esprit humain. La Grèce a
joui d'une de ces suprématies intellectuelles que rien ne peut faire oublier. Elle a donné au
monde ce singulier spectacle d'une nation vaincue qui captive ses vainqueurs (1).

> Græcia capta ferum victorem cepit, et artes
> Intulit agresti Latio.
>
> HORACE, *Épitres,* liv. II, ép. i, 156.

Ces quelques lignes suffisent pour démontrer que jamais période de gloire ne fut plus continue,
jamais art ne fut plus longtemps rayonnant et vivant. Ainsi s'explique la perfection de ces chefs-
d'œuvre qui causent encore, lorsqu'on les découvre, une immense et universelle surprise. La
statuaire grecque est l'expression la plus haute de l'art; elle est devenue, à juste titre, dans
la représentation du corps humain, la règle de la beauté, de la grâce, de la noblesse, de la
précision. La simplicité des moyens et le grand effet produit, voilà le point de départ et le point
d'arrivée de cet art admirable, qui semble avoir pris pour devise ces vers dans lesquels le
législateur du goût en a posé les limites :

> Est modus in rebus, sunt certi denique fines,
> Quos ultra citraque nequit consistere rectum.
>
> HORACE, *Satires,* liv. I, sat. i, 106.

---

(1) L'influence de la civilisation grecque sur les mœurs romaines est un point de l'histoire très-délicat à traiter,
et qui a été l'objet d'observations aussi fines qu'ingénieuses dans le *Discours préliminaire* de la traduction des
OEuvres de Cicéron, par M. Jos.-Vict. LE CLERC. Quoiqu'elles remontent à une époque déjà éloignée, ces pages
sont toujours jeunes de savoir, de justesse et de raison.

C'est le μηδὲν ἄγαν, le *ne quid nimis* qui a donné aux artistes grecs ces principes sûrs qui font qu'ils se possèdent eux-mêmes et qu'ils arrêtent leur inspiration, comme leur dessin, juste au moment où l'esprit, la délicatesse et la science le réclament. La haute simplicité du modèle, la supériorité de la pensée et de l'exécution, l'alliance du naturel et de l'idéal, qui se mêlent à un tel point qu'on ne peut voir où commence l'un, où finit l'autre : tels sont les caractères du génie de la sculpture antique. L'art grec fait comprendre, par sa perfection idéale et par le sentiment général d'eurhythmie qui est comme sa règle et sa nature, la grande pensée de Platon, que « le beau est la splendeur du vrai. »

Quant au nombre prodigieux des statues qui furent érigées dans l'antiquité, pour peu qu'on soit familiarisé avec les détails de la vie des Grecs et des Romains, il s'explique de lui-même.

Le goût des anciens pour la statuaire était si passionné, que, sans compter les statues des dieux, celles des héros fabuleux et celles des empereurs, qu'ils élevaient dans les temples, dans les rues, dans les théâtres, dans les places publiques, ils en consacraient un nombre pour le moins aussi considérable à leurs prêtres, à leurs hommes d'État, à leurs philosophes, à leurs grands capitaines, à leurs athlètes. Pindare eut une statue à Athènes, devant le temple de Mars, pour avoir, en passant, loué les Athéniens. Quelquefois, dit Winckelmann, on s'en érigeait à soi-même : on obtenait la permission de placer dans les temples les statues de ses enfants, comme l'obtint la mère du fameux Agathocle, qui, selon Diodore de Sicile, voua dans un temple la figure de son fils enfant (1). Les athlètes qui excellaient dans les jeux publics avaient pour récompense une statue lorsqu'ils avaient été trois fois vainqueurs (2), ce qui procurait aux sculpteurs des modèles généralement très-beaux, comme le *Discobole* de Naucydès, dont la réplique est au Louvre, et qui est un portrait d'athlète, comme la fameuse statue de *Milon de Crotone*, six fois vainqueur à la lutte, et qui était l'œuvre de Daméas, son compatriote : elle était de bronze, et Milon, dit Pausanias, la porta sur ses épaules jusqu'à Olympie (3), où elle devait être placée. Agéladas, qui fut le maître de Phidias, de Myron et de Polyclète de Sicyone, exécuta la statue de Timasithée, de Delphes, athlète qui avait remporté trois fois le prix du pancrace aux Jeux Olympiques. Telle était encore la fameuse statue *iconique* que Myron avait exécutée d'après l'athlète Ladas : cette statue était si vivante qu'on disait d'elle « qu'elle allait descendre de son piédestal, qu'elle respirait et qu'elle semblait s'élancer pour saisir la couronne ». Ces statues, qui étaient, la plupart du temps, modelées sur les athlètes, s'appelaient des statues *iconiques* ou statues-portraits. La grandeur et les accessoires de ces figures furent réglés par des lois (4). Le mot *iconique* s'appliquait principalement aux dimensions de la statue, qui étaient les mêmes que celles du personnage et signifiait *grand comme nature*. Souvent, les vainqueurs avaient autant de statues

(1) Diodore de Sicile, liv. XVIII.
(2) Pline, liv. XXXIV, § iv.
(3) Pausanias, liv. VI, ch. xiv.
(4) Pline, liv. XXXIV, § ix. — Lucien, *Pro imaginibus.* — Visconti, *Iconog. grecque,* t. I, p. 6.

qu'ils avaient obtenu de couronnes. Quelquefois, une ville élevait à un dieu protecteur autant de statues qu'elle avait remporté de victoires sur ses ennemis. Les chevaux eux-mêmes qui remportaient les prix étaient représentés d'après nature, comme on le voit dans Élien (1) pour les chevaux de Cimon, qui avaient remporté la victoire aux Jeux Olympiques. Pindare nous apprend (2) que les athlètes qui concouraient aux jeux si nombreux de la Grèce, à Athènes, à Corinthe, à Némée, à Sicyone, non contents des statues qu'on leur élevait, s'en faisaient faire d'autres à leurs frais, ou bien se faisaient composer une ode à prix d'argent. Le plus souvent, l'athlète vainqueur s'arrangeait avec celui des deux, le sculpteur ou le poëte, qui lui demandait le prix le moins élevé. C'est ce que Pindare indique dans la seconde Néméenne, commençant par ces mots : « Je ne suis point un statuaire, » et où il veut, comme Horace, persuader à un athlète que sa mémoire vivra plutôt dans une ode que dans une statue, laquelle peut être brisée.

Il en fut de même à Rome : les statues se multiplièrent, dit Pline, au point de décorer les marchés et les places publiques de toutes les villes municipales ; elles envahirent le portail et les cours des maisons. Comme en Grèce, on choisissait les éphèbes, c'est-à-dire les jeunes gens des gymnases ayant les formes les plus accomplies, et on les modelait (3). Les magistrats sortis de charge se faisaient dresser des statues, et les censeurs furent obligés de faire supprimer la plupart de celles qui encombraient le Forum. En Grèce, on avait élevé à Démétrius de Phalère trois cent soixante statues, autant qu'il y avait alors de jours dans l'année (4). A Rome, on en éleva à Caïus Marius Gratidianus autant qu'il y avait de rues dans la ville. Enfin, on connaît les déclamations de Caton, pendant sa censure, contre les dames romaines qui se faisaient dresser des statues en province. On en avait même érigé à Annibal dans trois endroits de la Ville Éternelle, contre les murs de laquelle, dit Pline, seul entre tous les ennemis du nom romain, il avait osé lancer sa javeline. Il serait superflu d'énumérer ici toutes les statues dues au ciseau des artistes grecs et dont ils décorèrent Athènes, Corinthe, Olympie, Mégare, Mantinée, Platée, Thespies. On peut dire qu'ils firent de leur patrie un véritable musée, qui resplendissait au grand soleil, sous le plus beau ciel du monde, et dans lequel les plus grands artistes venaient à l'envi exposer leurs ouvrages.

C'est ainsi que de cette Grèce, patrie inspirée de l'art, se répandit dans le monde entier une multitude de chefs-d'œuvre. Constantinople, Smyrne, Rome surtout, furent remplies de ces merveilleuses et durables productions de l'art. A Rome, il y avait des édifices qui recevaient sous leurs arcades les statues antiques les plus remarquables. Tels étaient, entre autres, les Portiques d'Octavie (5). C'étaient des édifices appelés *Octaviæ opera*, parce qu'ils avaient

______

(1) ÉLIEN, *Var. Hist.*, liv. IX, ch. XXXII. — HÉROD., liv. VI.

(2) PINDARE, *Ném. V.*

(3) PLINE, liv. XXXIV, ch. IX, § IV.

(4) « Nulli arbitror plures statuas dicatas, quam Phalereo Demetrio Athenis. Siquidem CCCLX statuere, nondum anno hunc numerum excedente. » Id., ibid., § XII.

(5) Il y avait à proprement parler, à Rome, deux Portiques Octaviens : l'un auprès du théâtre de Pompée et l'autre auprès du théâtre de Marcellus. C'est ce dernier qui avait été fondé par Auguste : l'autre l'avait été par Cn. Octavius, édile curule, préteur et consul.

été construits par Auguste, sous le nom de sa sœur Octavie. Ils consistaient en un célèbre portique, dont parle Suétone (1), et qui comprenait un palais curial pour le Sénat (*Curiam Octaviæ*) et des écoles dans lesquelles avait été placé le Cupidon de Praxitèle, au dire de Pline, qui l'y avait vu de son temps (2). Sous ces portiques se trouvaient les temples de Jupiter, de Junon, d'Apollon, construits par Batrachus et Saura, artistes de Lacédémone. On y admirait l'une des plus rares et des plus nombreuses collections de chefs-d'œuvre. C'était la statue assise de *Cornélie*, mère des Gracques, l'*Apollon nu*, la *Vénus* de marbre de Paros, attribuée par Pline à Phidias, la *Diane*, l'*Esculape* de Céphisodote, une *Latone*, le *Cupidon* en marbre pentélique de Praxitèle, dont on vient de parler, et cet autre *Cupidon tenant la foudre*, qui représentait Alcibiade jeune ; c'était encore les *Neuf Muses*, ouvrage de Philiscus de Rhodes, qui y brillaient auprès des chefs-d'œuvre de Scopas, de Praxitèle et de Timarchide. Le Portique de Pompée, dont parlent Ovide, Properce et Martial, montrait également avec orgueil cet *Hercule au repos* auquel appartenait le *torse* si célèbre qui est au Vatican, chef-d'œuvre incomparable que Michel-Ange aveugle aimait à palper dans ses vieux jours (3). Si les jardins de Servilius étaient célèbres, au temps de Vespasien surtout, c'était grâce aux chefs-d'œuvre qui les ornaient, tels que la *Vesta* assise avec ses deux prêtresses, statue renommée de Scopas, l'*Apollon* de Calamis, les *Athlètes* de Dercylis, la statue de l'historien *Callisthènes*, due au ciseau d'Amphistrate, et bien d'autres, dont il serait trop long de rappeler ici les noms. Il en était de même, au temps d'Auguste, du Musée d'Asinius Pollion. Ce Musée renfermait des œuvres capitales et variées, entre autres une *Canéphore* de Scopas, une copie de sa *Vesta*, avec les deux prêtresses, un *Apollon*, un *Neptune* et des *Silènes* de Praxitèle, si l'on s'en rapporte à

<hr>

(1) Suétone, *Vie d'Oct. Aug.*, § xxix.

(2) Pline, liv. XXXVI, ch. v.

(3) Cet Hercule était l'œuvre d'Apollonius, d'Athènes, comme l'Hercule Farnèse était l'œuvre de son contemporain Glycon, d'Athènes, auquel, du reste, il est généralement attribué. Je n'ignore pas que Raphaël Mengs, à propos de l'inscription de l'Hercule Farnèse qui porte le nom de Glycon, a révoqué en doute l'existence même de Glycon, *inventé*, dit-il, comme tant d'autres par les modernes. M. Philippe Le Bas, l'un des maîtres éminents de l'épigraphie, a vu, en 1840, à Catane, au Musée Biscari, une base de statue portant le nom de Glycon. Cette inscription, qu'avait donnée Torremuzza, fut transcrite par Raoul Rochette dans sa lettre à M. Schorn, page 316. Elle est ainsi conçue (je reproduis la copie de Torremuzza, plus exacte que celle de Raoul Rochette) :

ΓΛΥΚѠΝ ΑΘΗΝΑ

ΙΟϹ ΕΠΟΙΕΙ

Raoul Rochette revient sur cette inscription dans ses *Questions de l'histoire de l'art*, page 77, où il confirme l'existence d'un troisième monument, ouvrage de Glycon, et qui appartient au musée Guarnacci, devenu aujourd'hui le musée public de Volterra. L'assertion de Raphaël Mengs est donc dénuée de tout fondement. M. Le Bas fait encore remarquer que la présence des lettres Ѡ, Ϲ et Є sur les trois inscriptions prouve que toutes trois peuvent se rapporter à un seul et même individu. L'observation de M. Philippe Le Bas et l'autorité qui s'y attache achèvent de détruire l'opinion avancée par Mengs.—Voyez sur Glycon, le *Corpus inscript. græc.* de Boeckh, 5650, 6142 et 6143 ; — le recueil de Maffei, *Raccolta*, etc., pl. 49 ; — *Memorie de' Incisori*, t. II, p. 266 ; — les *Antiquités romaines*, de Boissard, pl. 3, t. CXVII ; — Donati, *Suppl. vet. Inscript.*, p. 34 ; — Visconti, *Musée Clémentin*, t. III, pl. 66 ; — Gerhard, *Neapel's ant. Bildwerke*, t. I, p. 31 ; — Ott. Jahn, *Archæol. Aufsætze*, § xiii, p. 162, 6 ; — *Museo Borbonico*, t. III, pl. 23 et 24 ; — enfin, l'ouvrage de M. Brunet de Presle, *Établissement des Grecs en Sicile*, p. 579.

Pline. Il renfermait aussi la *Vénus* de ce même Céphisodote, fils de Praxitèle, et le groupe du *Taureau Farnèse*, ce magnifique symphlegma de marbre blanc, si célèbre par ses nombreux personnages, travail d'Apollonius et de Tauriscus de Tralles, qu'on admire encore, de nos jours, au Musée de Naples. A la même époque, on voyait à Rome, dans les temples qu'y fit élever Auguste, différentes statues du sculpteur grec Bupalus de Chio (1). Dans le temple de la Fortune se trouvaient plusieurs ouvrages de Pythagore de Samos. Le temple d'Apollon, bâti par Quintus Sosius, était décoré du groupe si connu, et si répété depuis, de la *Famille de Niobé* (2). Personne n'ignore que Caligula envoya en Grèce Memmius Regulus, personnage consulaire, avec ordre de ramener à Rome les plus belles statues qu'il pourrait y trouver. Memmius y fit transporter un grand nombre des plus beaux monuments de la Grèce; l'empereur en décora ses maisons de plaisance (3). Caligula, dit Pausanias (4), fit prendre, entre autres, le fameux Cupidon de Praxitèle. Après sa mort, Claude le rendit aux Thespiens; mais Néron le fit une seconde fois renvoyer à Rome, où il périt dans un incendie. On sait que Néron s'appropria aussi une partie des statues qui peuplaient le bois de l'Altis à Olympie, parmi lesquelles figuraient l'*Homère* et l'*Hésiode* dont parle Pausanias (5). Mummius, qui n'avait pas osé enlever de Thespies le *Cupidon* de Praxitèle, *parce qu'il était consacré*, en avait emporté les *Muses* dites *Thespiades*, œuvres de ce Cléomènes, auteur de la *Vénus de Médicis* (6). Pline ajoute, à propos de Mummius et des statues qu'il expédia à Rome après sa victoire de l'Achaïe, « *qu'il en remplit la ville.* » Les statues fameuses de *Castor et Pollux* d'Hégésias furent placées dans le temple de Jupiter Tonnant : « *Et Castor et Pollux, ante ædem Jovis Tonantis, Hegesiæ,* » dit Pline. La célèbre *Vache d'airain* de Myron, sculpteur grec, qui fut l'objet de tant de vers enthousiastes, se voyait encore à Rome, dans le Forum de la Paix, au milieu du sixième siècle, ainsi que le rapporte Procope (7). On admirait aussi à Smyrne la *Vieille femme ivre*, du même Myron : « Cette statue était, dit Pline, remarquable entre les premières (8), *in primis inclyta.* »

On connaît le nombre prodigieux de bustes de philosophes qui, au rapport du même écrivain, furent exécutés dans les derniers temps de la république, par Antée, Callistrate,

(1) PLINE, liv. XXXVI, ch. IV.

(2) Id., ibid., id. — WINCKELMANN, tom. III, liv. VI, ch. II.

(3) JOSEPH, *Ant. Judaïc.*, liv. XIX, ch. I, p. 916.

(4) « Πρῶτον δὲ τὸ ἄγαλμα κινῆσαι τοῦ Ἔρωτος λέγουσι Γάϊον δυναστεύσαντα ἐν Ῥώμῃ, Κλαυδίου δὲ ὀπίσω Θεσπιεῦσιν ἀποπέμψαντος, Νέρωνα αὖθις δεύτερα ἀνάσπαστον ποιῆσαι · καὶ τὸν μὲν φλὸξ αὐτόθι διέφθειρε. » PAUSANIAS, *Béotie*, ch. XXVII.

(5) « Σμικύθος... ἀνέθηκεν... ποιητῶν Ὅμηρον καὶ Ἡσίοδον. » PAUSANIAS, *Élide*, ch. XXVI.

(6) « Mummius Thespiadas, quæ ad ædem Felicitatis sunt, tollit... Hunc marmoreum Cupidinem, quod erat consecratus, non attigit.... Hæc omnia Verres abstulit. » CICÉRON, *in Verrem*, IV, ch. II. — PLINE, XXXVI, ch. IV, § 10 ou 12.

(7) Cette statue de Myron était si célèbre dans l'antiquité, que plus de quarante épigrammes grecques, dont la majeure partie se trouve dans l'*Anthologie* (liv. IV, ch. VII), lui furent consacrées. Anacréon, et après lui Ovide, Properce, Martial, Juvénal, Ausone, saint Augustin, Symmaque, et jusqu'à Ménage, en France, ont loué la vérité de ce chef-d'œuvre. Ovide a dit : *Similis veræ vacca Myronis opus... vivida signa* (*De Ponto*, lib. I, v. 34). — *Voy.* PROCOPE, *Hist.*, liv. IV, ch. XXI.

(8) PLINE, XXXVI.

Cléon, Calliclès, Céphis, Daïphron, Démocrite de Sicyone, Apollodore et tant d'autres. Pline raconte, d'après Métrodore de Scepsis, que les deux mille statues qui étaient dans la seule ville de Vulsinium en firent entreprendre le siége. Les deux Lucullus, à leur retour de Macédoine, en rapportèrent un grand nombre. Marc-Antoine avait enlevé aux habitants d'Éphèse le célèbre *Apollon* de Myron, que l'empereur Auguste leur rendit. La ville d'Ambracie, résidence des rois d'Épire, fut dépouillée, dit Polybe (1), de toutes ses statues, parmi lesquelles se trouvaient les *Neuf Muses*, qui vinrent décorer le temple d'Hercule Musagète, *Hercules Musarum ductor*. Arrien nous apprend qu'après la défaite de Persée, Métellus emporta de la Macédoine à Rome une quantité incroyable de statues. Le Portique fameux qui porte son nom fut décoré en partie de ces ouvrages. Lysippe avait exécuté, sur l'ordre d'Alexandre, les vingt-cinq statues équestres des vingt-cinq gardes qui perdirent la vie en défendant ce prince au passage du Granique : ces statues étaient à Dium, ville consacrée à Jupiter; Métellus les fit transporter aussi de Macédoine à Rome, et les fit placer au Capitole, ainsi qu'on le voit par un passage des *Lettres* de Cicéron à Atticus (2). Il n'y eut pas jusqu'aux quatre figures qui servaient habituellement de support à la tente d'Alexandre le Grand, qui ne furent apportées à Rome : deux furent placées devant le temple de Mars Vengeur, et les deux autres devant le Palatin. Pline rapporte que, malgré toutes les statues qui avaient été expédiées à Rome, on en comptait encore trois mille à Rhodes et autant à Athènes, à Olympie et à Delphes. Néron envoya en Grèce des commissaires qui, au nom de l'empereur, mirent la main sur tout ce qui leur plaisait. « *On enleva jusqu'aux statues des dieux*, dit Tacite; *rien n'échappait à la rapacité d'Acratus et de Secundus Carinas, envoyés pour cela dans ces provinces.* » Tacite ajoute « *que les habitants de Pergame empêchèrent pourtant Acratus, affranchi de Néron, d'enlever leurs statues et leurs tableaux* (3). » On prit dans le seul temple d'Apollon, à Delphes, jusqu'à cinq cents statues de bronze. Ces

(1) Polyb., *Excerpt. legat.*, p. 828.

(2) Cicer., *Epist.*, liv. VI, ép. 1, 5. — Winckelmann s'est trompé, quand il a parlé des vingt et une statues équestres des gardes d'Alexandre. (*Hist. de l'Art*, t. II, p. 287.) Le texte d'Arrien est formel : il donne le chiffre de *vingt-cinq*, εἴκοσι καὶ πέντε. Voici le passage : « Μακεδόνων δὲ τῶν μὲν ἑταίρων ἀμφὶ τοὺς εἴκοσι καὶ πέντε ἐν τῇ πρώτῃ προσβολῇ ἀπέθανον, καὶ τούτων χαλκαῖ εἰκόνες ἐν Δίῳ ἑστᾶσιν · Ἀλεξάνδρου κελεύσαντος Λύσιππον ποιῆσαι. » (Arrien, *Expéd. d'Alex.*, liv. I, ch. iv, p. 44 et 47). Il est juste toutefois d'ajouter que Plutarque, d'après Aristobule, dit qu'il y eut *trente-quatre* morts dont neuf fantassins : « τέσσαρας καὶ τριάκοντα νεκροὺς, ὧν ἐννέα πεζούς; » mais il ne dit pas qu'on leur éleva des statues à tous (Plutarque, *Vie d'Alex.*, ch. xvi). Velleius Paterculus parle de l'*escadron de statues, statuarum turmam*, que Métellus rapporta à Rome; mais il n'en donne pas le nombre; seulement il ajoute au renseignement fourni par Arrien que Lysippe eut l'ordre de placer la statue d'Alexandre au milieu de ses gardes : « *Et ipsius quoque statuam iis interponeret* » (Velleius Paterc., liv. I, § xi), ce qui, en fin de compte, devrait porter à vingt-six le nombre total des statues équestres exécutées par Lysippe. Justin, dans ses *Histoires*, parle de neuf fantassins, de *cent vingt cavaliers* et de *leurs statues équestres* (Justin, *Hist.*, liv. XI, iv, 13); mais c'est là évidemment une erreur de copiste, en ce qui regarde les cavaliers. On croit avoir récemment découvert à Rome, à la fin de 1849, un de ces chevaux de bronze de Lysippe, dans la même fouille où a été trouvé le magnifique *Apoxyomène* de marbre blanc qui est au Vatican. Voy. le *Bulletin Archéologique de Rome* (nov. 1849, n° 11)

(3) « Simulacra numinum abripiebantur, missis in eas provincias Acrato ac Secundo Carinate..... Vim civitatis Pergamenæ prohibentis Acratum, Cæsaris libertum, statuas et picturas avehere..... » Tacit., *Ann.*, liv. XV, ch. xlv; liv. XVI, ch. xxiii. — Pausanias, liv. X, ch. vii.

statues servirent à décorer, à Rome, le fameux palais de Néron (1). Après avoir dépeuplé Delphes et Olympie, Néron enleva encore la plupart des statues qui se trouvaient dans l'Acropole d'Athènes (2).

Ce ne fut pas seulement à Rome que se donnèrent en quelque sorte rendez-vous tant de chefs-d'œuvre, dont quelques-uns, du moins, s'y conservèrent jusqu'à nos jours, ce fut aussi à Constantinople, où malheureusement l'incurie des habitants, le feu et le pillage, en détruisirent la presque totalité. On sait que l'un des chefs-d'œuvre les plus rares de l'antiquité, le *Jupiter Olympien* de Phidias, y fut transporté par ordre de Théodose Ier (3). Un incendie qui eut lieu vers l'an 475 anéantit ce chef-d'œuvre, ainsi que la *Vénus de Cnide*, de Praxitèle, la *Junon* honorée à Samos, attribuée à Bupalus, l'*Occasion*, statue célèbre de Lysippe, un *Hercule* du même, des chevaux de bronze apportés d'Olympie, des statues d'athlètes, etc. C'est à la vue de tant et de si nobles merveilles accumulées dans Rome que l'empereur Théodoric, le plus grand des Barbares, laissa échapper ces cris d'enthousiasme, qui faisaient honneur à son goût. Il ne cessait d'admirer « *ce peuple si nombreux de statues et ces immenses troupeaux de chevaux de bronze* (4). » Que nous sommes loin aujourd'hui de ce luxe de statues et de groupes (5)!

Nous ne pousserons pas plus loin l'énumération des statues qui de la Grèce se répandirent à l'entour. Le tableau sommaire que nous venons de tracer fait comprendre comment, au milieu des décombres entassés par les siècles de barbarie, on découvre encore de nos jours, à Rome et dans les environs, tant de statues qui sont, en général, d'une grande beauté, et parmi lesquelles se rencontrent même des chefs-d'œuvre tels que l'*Apoxyomène*, dont nous venons de parler, et qu'on a découvert, en 1849, au *Vicolo delle Palme*, dans le Transtévère (6).

---

(1) C'est à cette occasion, dit Winckelmann, que fut transportée en Italie la *Pallas* d'Endœus. Ce fut, selon d'autres témoignages, Auguste qui l'y envoya et la fit placer à l'entrée de son Forum, ainsi que l'*Hercule* de Lysippe, si l'on en croit Strabon (STRABON, liv. X, p. 70). Winckelmann suppose que l'*Apollon du Belvédère* et le *Gladiateur Borghèse* se trouvaient vraisemblablement au nombre des statues apportées alors de la Grèce. La ville d'Antium, où elles ont été découvertes, était, comme on sait, le lieu de naissance de Néron, qui consacra à son embellissement des dépenses considérables (TACIT., *Ann.*, liv. XIV, ch. IV; liv. XV, ch. XXIII, XXXIX).

(2) *L'Acropole d'Athènes*, par M. BEULÉ, Didot, 1853, in-8°, t. I, p. 57.

(3) GEORG. CEDREN., *Hist. compend.*, t. I, p. 322 et 351.

(4) « Populus copiosissimus statuarum, greges et abundantissimi equorum. » CASSIODORE, *Var.*, liv. VII, § XIII.

(5) Il n'y a, jusqu'ici, dans les temps modernes que deux souverains qui aient prodigué le marbre et le bronze, comme de véritables Romains qu'ils étaient : ces deux souverains sont Louis XIV et Napoléon. On connaît ce *peuple nombreux de statues* dont Louis XIV sut animer les jardins de Versailles. Quant à Napoléon, dont l'Italie partage avec la France l'éclatante personnalité, je ne parlerai pas seulement de sa Colonne Vendôme,

Sublime monument, deux fois impérissable,
Fait de gloire et d'airain ;

je ne parlerai pas non plus de cet Arc colossal de l'Étoile, entouré, dans son projet, des douze maréchaux à cheval, et auprès duquel les arcs de triomphe de l'antiquité ne sont que des trophées de pygmées. Je citerai, de Napoléon, ce qu'on ne connaît pas assez en France : c'est l'Arc de triomphe du Simplon, à Milan, où le grand Empereur a fait frissonner à la fois dix chevaux de bronze sur la seule plate-forme du monument. Cet arc célèbre, unique dans l'histoire de l'art, supporte, en effet, un char à *six chevaux* et *quatre Renommées équestres* aux angles. N'est-ce pas là le *troupeau de chevaux de bronze* dont parle Cassiodore ?

(6) M. Visconti *junior*, neveu de l'illustre antiquaire et savant antiquaire lui-même, a donné, sur ce chef-d'œuvre nouvellement découvert, une notice dans l'*Indicazione Antiquaria* du Musée du Vatican. Le *Bulletin Archéologique* de Rome a publié aussi sur ce sujet un article de M. Canina. (Voy. nov. 1849, n° 11.)

Ce sont ces précieuses reliques, débris immortels d'un art admirable, dont le secret semble perdu, qui, réunies à grand'peine, ont formé les Musées du Vatican, du Capitole et du Latran, ainsi que les galeries d'Italie les plus fameuses, telles que celles du cardinal Albani, du prince Borghèse, qui à leur tour ont servi, comme on sait, à constituer le Musée du Louvre, à Paris. Ce sont également ces chefs-d'œuvre antiques, découverts tous les jours, qui, recherchés avec la passion de l'archéologue et payés à prix d'or, ont concouru à former le Musée Campana.

Nous aurions voulu pouvoir nous étendre, comme il conviendrait, sur les principales statues de cette célèbre Galerie, dont la plupart demanderaient des traités particuliers et non pas de simples notices en quelques pages. Nous avons expliqué comment il nous serait impossible de les passer toutes en revue. Cependant il en est plusieurs qui méritent qu'on leur consacre un examen particulier, ou, du moins, quelques lignes qui les distinguent entre toutes : tel est le but de cette description.

Parmi les statues des dieux, et elles sont nombreuses dans ce nouvel Olympe, il y a lieu d'en citer un certain nombre. — « *Ab Jove principium.* » Commençons par le Roi des Immortels.

Le beau *Jupiter* colossal découvert sur les bords du lac d'Alba, auprès de la villa de Domitien, est la figure imposante qui ouvre ce cénacle divin. Il n'y a dans aucune des galeries de l'Europe un Jupiter dont le grand style donne autant que celui du Musée Campana une idée du *Jupiter Olympien* de Phidias. La majesté de la tête, de la chevelure et de l'attitude, ainsi que les proportions colossales de l'ensemble, étaient les principaux caractères du chef-d'œuvre du maître grec. On y remarquait aussi que cette majesté n'avait rien de rude, mais qu'elle annonçait au contraire une sécurité puissante et douce. C'est le Jupiter de Dion Chrysostome, *père et gardien des hommes, pacifique et toujours bienveillant, tranquille et grave* : Εἰρηνικὸς καὶ πανταχοῦ πρᾶος, ἥμερος καὶ σεμνὸς ἀνθρώπων πατήρ καὶ φύλαξ. C'est le Ζεὺς Μειλίχιος, Φίλιος, de Pausanias (1). On demanda à Phidias d'après quel type il composerait le visage du maître des dieux : il répondit par ces vers si connus d'Homère :

Ἦ, καὶ κυανέῃσιν ἐπ' ὀφρύσι νεῦσε Κρονίων ·
Ἀμβρόσιαι δ' ἄρα χαῖται ἐπερρώσαντο ἄνακτος,
Κρατὸς ἀπ' ἀθανάτοιο · μέγαν δ' ἐλέλιξεν Ὄλυμπον.

(1) Dion Chrysostome, *Orat.* XII, *Olymp.*, p. 215. — Pausanias, *Corinth.*, liv. II, ch. xx. — Ces qualifications Ζεὺς Μειλίχιος, Φίλιος, *bienveillant, amical,* se donnaient surtout aux deux Jupiters de Polyclète d'Argos, dont l'un, le Jupiter *Philius*, exécuté dans la cent deuxième olympiade, était à Mégalopolis, et dont l'autre, le Jupiter *Milichius*, exécuté dans la cent neuvième, était à Argos. Le surnom de φίλιος est celui qu'on attribuait surtout au Jupiter si célèbre de Mégalopolis, qui était, comme on sait, plus semblable à un Bacchus qu'à un Jupiter ; car il avait le cothurne pour chaussure, et il tenait dans une main la coupe, dans l'autre le thyrse, sur lequel était posé l'aigle, seul symbole qui caractérisât dans cette statue le Roi de l'Olympe. Il figurait ainsi, dans ces curieux monuments, le dieu bienveillant et bienfaisant qui fécondait la terre. — Voy. Émeric David, *Chron. des sculpt. grecs*, p. 48 ; — Guigniaut et Creuzer, *Histoire des Religions*, t. II, part. ii, p. 535. — Böttiger, *Kunstmythologie der Zeus*, dans l'ouvrage *Ideen zur Kunstmythologie* et dans le premier volume de l'*Amalthea*. — Ottfried Muller, *Handbuch der Archæologie und der Kunst*, p. 446, citant Töllken, de Berlin. — *Kunsblatt*, 1828, livraison 6. — A l'occasion de l'épithète μειλίχιος, *placatus, placator,* Cf. Thucyd., *Schol.*, I, 126 ; — Aristoph., *Nub.*, 407.

En contemplant au Musée Campana le *Jupiter*, dont le visage est sculpté dans une manière si grandiose et si simple, on comprend la réponse de Phidias. Les attributs seuls ont été ici interprétés librement par l'artiste : notre Jupiter a bien le sceptre comme celui de Phidias; mais, au lieu de la Victoire, c'est la foudre qu'il tient dans sa main redoutable. Le Jupiter de bronze de Sthénis, et le Jupiter d'ivoire de Pasitèle, le premier placé dans le temple de la Concorde, le second dans celui de Métellus, à Rome, étaient encore des originaux célèbres fort appréciés des artistes (1). Le magnifique *Jupiter* du Musée Campana, qui rappelle par sa pose le « *simpliciter et splendidè* » que Cicéron applique à l'*Hercule* de Polyclète (2), réunit et résume les caractères et les beautés qu'on admire dans les trois types fameux de l'antiquité. L'histoire, aussi bien que l'étude des médailles, nous apprend que Domitien portait un culte particulier à Jupiter; et c'est sans doute dans quelque temple dépendant de sa villa des bords du lac d'Alba, que cet empereur aura consacré au Roi des dieux cette magnifique statue colossale.

Cicéron disait du Jupiter de Phidias, qui, assis, avait environ dix-neuf mètres ou cinquante-six pieds de haut, et qui paraissait immense au spectateur, que « plus on considérait la statue, plus elle semblait grandir. » Quintilien ajoutait que « la majesté de l'ouvrage égalait la puissance du dieu (3). » Le Jupiter du Musée Campana a environ trois mètres et demi de haut, ce qui équivaut à onze pieds, et son effet est immense. La robe qui recouvre ses genoux, et qu'on a remplacée par un travail en stuc, était sans doute en bronze, ou peut-être en métal plus riche encore. C'est ce qu'on peut supposer, si l'on interroge les traditions de la sculpture polychrome.

Cette année même, la tentative faite à l'Exposition universelle de Paris, par M. le duc de Luynes, pour restituer la *Minerve* polychrome du Parthénon, a rappelé l'attention publique sur cette partie si curieuse de l'art antique, qui a été l'objet de savants travaux spéciaux de la part de Quatremère de Quincy, d'Ottfried Muller, d'Heyne, d'Émeric David, de Raoul Rochette, de Böttiger, etc. L'école de sculpture du Directoire et celle de Canova, qui n'ont, comme on sait, suivi les traces des anciens que de très-loin et avec des moyens très-imparfaits, ont habitué les yeux à la statuaire monochrome. On a supposé, dès lors, que les anciens sculptaient ainsi; et, à moins d'être initié particulièrement à l'art grec et à l'art romain, on se fait, en général, une idée très-fausse des habitudes artistiques de l'antiquité et des ressources que lui prêtait la toreutique polychrome, polylithe et chryséléphantine. Il faut dire ou plutôt redire ici, dans l'intérêt de la vérité et de l'histoire, que ce n'était pas seulement le bronze que les anciens mêlaient à la sculpture de marbre, qu'ils y employaient encore l'or, l'argent, l'ivoire, les pierres précieuses. Ils se réservaient même la ressource de modifier, suivant les changements de la mode et les convenances personnelles, certaines parties de leurs statues, telles que les têtes, qu'on pouvait, la plupart du temps, enlever

---

(1) « Sthenis Jovem fecit Romæ in Concordiæ templo... Pasiteles Jovem fecit eboreum in Metelli æde. » PLINE, XXXIV, § 19; XXXVI, ch. v, § 4.

(2) CICÉRON, *De Orat.*, II, xxvi.

(3) QUINTILIEN, *Institut. orat.*, liv. XII, ch. x.

à volonté et remplacer par d'autres. C'est à ce propos que Pline dit : « On change les têtes des statues, et depuis longtemps on badine, en vers même, sur ce sujet (1). » Les femmes, notamment, auxquelles on dressait des statues, surtout parmi les impératrices, se faisaient ajuster des perruques mobiles, afin de pouvoir changer leur coiffure, dès que la mode venait à passer. Ajoutons que les anciens ornaient leurs statues de boucles d'oreilles et de bracelets. La *Vénus de Médicis* et la belle *Vénus Genitrix* qui est au Louvre, sous le n° 46, ont les oreilles percées, ce qui indique qu'elles ont dû porter des anneaux. La *Vénus* de Praxitèle, les *Filles de Niobé*, la *Leucothoé* de la villa Albani avaient les oreilles percées. Les statues ont rarement conservé leurs pendeloques; mais elles ont encore les trous dans les oreilles, et par les peintures et les médailles de l'antiquité qui les représentent avec ces ornements, on sait qu'elles ont porté des boucles précieuses.

Les statues antiques portaient aussi des bracelets, des colliers, et même des bagues à leurs doigts. Quelques Vénus, et particulièrement la *Vénus Victrix*, qui est au Louvre, sous le n° 180, ont encore le bracelet placé à leur bras gauche. Ce bracelet, que les Grecs nommaient *spinther* et les Romains *armilla*, avait souvent la forme d'un serpent, et s'appelait alors περιβραχιόνιος ὄφις. C'est ce qui fit prendre si longtemps pour une *Cléopâtre* la fameuse statue couchée que Visconti reconnut plus tard, avec raison, être une *Ariane* abandonnée. Ces bracelets se mettaient au haut du bras; les *péricarpes* ou *épicarpes* seuls se portaient aux poignets. Les pieds eux-mêmes avaient leurs parures. Les Vénus y portaient quelquefois un ornement dit *periscelis*, comme on en voit un au Musée des Bronzes, à Naples, à la *Vénus Marine* (2). Les anciens plaçaient des colliers au cou de leurs statues. La Minerve du Parthénon en avait un; elle avait même des pendants d'oreilles, si l'on s'en rapporte à la pierre de jaspe du cabinet de Vienne, gravée par Aspasius; quant aux bagues, Pline fait la remarque « que les statues de Numa et de Servius Tullius en portaient à l'annulaire », et il s'étonne de ce que « la statue de Romulus, au Capitole, n'en ait pas, non plus que celle de Lucius Brutus et celles des rois » (3).

Enfin, les sculpteurs faisaient ajuster des yeux d'émail à leurs statues ou à leurs bustes (4). C'est ce qu'on peut constater dans le magnifique buste en bronze de Sénèque, qui est au Musée de Naples, et dans les yeux duquel j'ai reconnu la présence des restes de l'émail dont le blanc de l'œil était formé. Il en est de même de la statue de bronze qui est au Musée de Florence, et qui

(1) « Statuarum capita permutantur, vulgatis jam pridem salibus etiam carminum. » PLINE, liv. XXXV, ii.

(2) *Bronzi d'Ercolano*, t. VI, p. 14.

(3) « Nullum (annulum) habet Romuli in Capitolio statua, nec præter Numæ, Serviique Tullii alia, ac ne Lucii quidem Bruti. » PLINE, liv. XXXIII, iv.—Et plus loin : « Singulis primo digitis geri mos fuerat, qui sunt minimis proximi : sic in Numæ et Servii Tullii statuis videmus. » Id., ibid., liv. XXXIII, vi.

(4) On trouve dans les MISCELLANEA *Antiquitatis eruditæ* (section vi, p. 232) l'inscription suivante, provenant de la villa Strozzi à Florence, et relative à un certain Marcus Rapilius Serapio, dont le métier était de mettre des yeux aux statues :

M. RAPILIVS SERAPIO HIC
AB ARA MARMOREA
OCVLOS REPOSVIT STATVIS
QVOAD VIXIT BENE.

est si connue sous le nom de l'*Orateur* ou de l'*Aruspex Etruscus*, parce qu'il porte au bas de son manteau une inscription étrusque en trois lignes. J'ai constaté dans ses yeux la place des pierres précieuses dont ils étaient formés. Ce fait démontre, pour le dire en passant, que les Étrusques, ainsi que le remarque à ce sujet Buonarotti (1), avaient précédé les Romains dans l'art de la statuaire polylithe. Le cabinet d'Herculanum offre de petites figures de bronze avec des yeux d'argent. Dans quelques têtes, c'étaient des pierres fines qui représentaient l'iris de l'œil. Les statuaires ajoutaient aussi assez souvent aux têtes de leurs statues des prunelles en un marbre très-blanc et très-tendre qu'on appelle *palombino*. Quelquefois ils faisaient le blanc de l'œil en argent, et ils employaient des pierres précieuses de couleurs différentes pour figurer la prunelle et l'iris. C'est ce qu'indiquent des parcelles d'argent autour des paupières de quelques têtes et les trous qui servaient à recevoir l'iris et la prunelle. Plutarque raconte qu'avant la bataille de Leuctres, à laquelle un Hiéron de Sparte perdit la vie, les yeux tombèrent de sa statue, ce qui fut regardé comme un présage funeste (2). L'argent, comme l'ivoire et l'or, se mêlait aussi à la statuaire. On conserve encore quelques fragments de bronze antique incrustés en argent. Tel est le diadème de l'*Apollon Sauroctone* de la villa Albani; telles sont différentes bases de figures dans le cabinet d'Herculanum. Parfois, on incrustait en argent les ongles des pieds et des mains. Pausanias le constate, et son récit est confirmé par deux figures trouvées à Herculanum. Hérode Atticus fit ériger à Corinthe, dans le temple de Neptune, quatre chevaux dorés dont les sabots étaient d'ivoire (3). La *Minerve de Pellène* était d'ivoire et d'or. On sait que la *Minerve du Parthénon*, de Phidias, était aussi d'ivoire et d'or (4); les draperies, qui pouvaient s'enlever à volonté, étaient d'or, et les parties nues étaient en ivoire. Les yeux étaient formés par deux pierres précieuses. Sa *Minerve Areia* de Platée, ou Minerve guerrière, avait le corps en bois doré, le visage, les mains et les pieds en marbre pentélique. Sa *Vénus Uranie* était d'ivoire et d'or. La statue d'*Hébé*, de Naucydès, placée dans le temple de Junon d'Argos, était également d'ivoire et d'or. La *Vénus nue*, faite par Pygmalion de Cypre, était entièrement d'ivoire (5). Il en était de même de la statue de *Minerve* qu'on voyait à Rome dans le forum d'Auguste (6), et de celle du *Jupiter* de Pasitèle, que j'ai déjà mentionnée comme étant dans le temple de Métellus, et de tant d'autres, dont Pausanias donne la liste. Personne n'ignore que le *Jupiter Olympien* était d'or et d'ivoire; que sa base était aussi en ivoire et en or. Le trône, incrusté d'ébène, d'or et d'ivoire, et enrichi de bas-reliefs et de peintures, resplendissait encore de pierreries. Enfin ,

(1) *Monum. Etrusc.*, § xxxvii, pl. 74. — *Observ. ad num.*, p. 12.

(2) « Τοῦ Ἱέρωνος μὲν τοῦ Σπαρτιάτου, ὅτι πρὸ τῆς ἐν Λεύκτροις αὐτῷ γενομένης τελευτῆς, ἐξέπεσον οἱ ὀφθαλμοὶ τοῦ ἀνδριάντος. » PLUTARQUE, *Oracles de la Pythie*, VII, 8.

(3) « Ἵππους τέσσαρας ἐπιχρύσους πλὴν τῶν ὁπλῶν · ὁπλαὶ δέ σφισιν εἰσὶν ἐλέφαντος. » PAUSANIAS, liv. II, p. 113.

(4) Phidias voulait exécuter sa Minerve en marbre, plutôt qu'en ivoire et en or, le marbre étant moins coûteux : « Qu'importe? lui répondit-on; les Athéniens ne veulent que les matières les plus précieuses et les plus magnifiques. » La statue, qui avait vingt-six coudées ou trente-sept pieds de haut, coûta près de trois millions de notre monnaie. Cf. THUCYDIDE, liv. XI, 13.

(5) CLÉMENT D'ALEXANDRIE, *Cohort. ad gent.*, num. 4.

(6) PAUSANIAS, liv. VIII, ch. xlvi.

selon Winckelmann, on comptait en Grèce plus de cent statues d'ivoire et d'or, plus grandes que nature (1).

Ce n'est pas tout encore : les anciens coloriaient et doraient aussi leurs statues. La *Vénus de Médicis* avait les cheveux dorés ; on retrouve encore des restes de dorure dans le marbre. Les cheveux coloriés se voient à une petite *Vénus d'Herculanum* et à une statue de *Femme drapée*, de ce même Musée. Virgile promet à Vénus l'offrande d'une statue en marbre de l'Amour, dont les ailes seront peintes de diverses couleurs et dont le carquois sera, dit-il, *selon l'usage*, orné de peintures.

> Marmoreus que tibi, Dea, versicoloribus alis
> *In morem* picta stabit Amor pharetra (2)

La statuaire polylithe, ou en pierre de plusieurs couleurs, était en grand usage. Les bustes à deux couleurs abondent au Capitole : ce sont ceux de Jules César, d'Adrien, de Septime Sevère, de Pescennius Niger, de Sabine, de Faustine. La tête seule est en marbre blanc, le reste est en albâtre fleuri ou agatisé. Le Musée Campana en possède plusieurs de ce genre : on y voit aussi des statues coloriées et même dorées. Le Père Paciaudi cite l'exemple d'un buste en bronze dont les lèvres étaient d'argent (3). Buonarotti a décrit un portrait de femme de la collection du cardinal Carpegna, dont le visage est de marbre blanc, le buste de marbre *pavonazzo*, et dont les tresses ont dû être incrustées de pierres précieuses, dont la coiffure était ornée.

Ces détails étaient nécessaires pour montrer que les anciens, loin de s'astreindre à la sculpture monochrome, variaient au contraire à l'infini les effets de la toreutique et de l'art. Nous avons dû faire apprécier ainsi, par des exemples reposant sur des faits, la conjecture que nous venons d'avancer, à savoir que la draperie du beau *Jupiter* du Musée Campana était sans doute, dans le principe, ou de bronze ou d'un autre métal plus précieux encore. Il en sera de même des opinions analogues que nous aurons à émettre pour le *Néron*, pour l'*Auguste*, pour l'*Alexandre*, pour l'*Adrien*, que nous allons rencontrer dans le Musée et qui appartiennent aussi à la statuaire polylithe ou polychrome. C'est un des mérites de ce riche Musée que d'offrir ainsi à l'étude des savants, même dans la seule section de la statuaire, des morceaux précieux qui appartiennent aux diverses branches de l'archéologie antique.

Après cette digression indispensable, nous avons hâte de revenir à notre sujet.

La *Junon*, qui se présente immédiatement après le *Jupiter*, et qui a été trouvée à Antium, est un chef-d'œuvre de draperie. Quoique privée de ses bras, cette statue est d'un goût si pur et si sévère qu'elle paraît entière. On sait que Junon avait un culte en Europe, en Asie, en

---

(1) WINCKELMANN, t. I, p. 35. — On peut consulter sur les statues d'ivoire et d'or, le *Jupiter Olympien* de Quatremère de Quincy ; le traité de Heyne : *De l'ivoire chez les anciens, et de son emploi dans les ouvrages d'art ;* les travaux plus récents d'Ottfried Muller et de Böttiger. — On trouvera un passage intéressant, consacré aux Vénus en ivoire et en or, dans les *Recherches sur le Culte de Vénus*, par M. Lajard (Paris, 1837, Gide et Baudry, p. 112 et suiv.) Ce grand et bel ouvrage contient sur le culte même de Vénus les documents les plus complets.

(2) VIRGILE, *Catalecta*, t. V, p. 219 (édition de Heyne).

(3) PACIAUDI, *Monum. Pélopon.*, t. II, p. 69.

Égypte, et surtout en Afrique (1). La Junon la plus fameuse de l'antiquité est la Junon d'Argos, qui avait plus de trente pieds de haut, et qui était l'ouvrage du premier Polyclète. La statue, qui était en ivoire et en or, était l'œuvre la plus considérable et en même temps la plus célèbre du grand artiste (2).

La *Junon* du Musée Campana, dont l'attitude est pleine de majesté, réalise la figure idéale de la Junon antique.

La *Minerve Pacifique*, qu'il serait superflu de comparer aux Minerves si variées de l'antiquité, telles que la Minerve de l'Acropole d'Athènes, la Minerve de Platée, celle de Velletri, etc., a un type très-élevé dans l'art. Sous ce rapport, elle intéresserait plus, peut-être, que les autres Minerves greçques. Celles-ci appartenaient presque toutes à la statuaire polychrome, puisque la Minerve du Parthénon était d'ivoire et d'or, que la Minerve Poliade était en bois, et que la Minerve Alea, qu'Auguste enleva de Tégée et plaça dans le Forum, était entièrement en ivoire. Pausanias compte jusqu'à six statues de Minerve, la plupart colossales, exécutées par Phidias (3).

La Minerve du Musée Campana, qui est en marbre grec et qui provient de la célèbre galerie Altemps à Rome, est une des plus belles parmi celles que l'antiquité nous a léguées. Elle est ici beaucoup plus la déesse des arts que celle de la guerre. Les Romains ont honoré Minerve sous le titre de *Pacifera* (4). Sur les médailles de Commode et d'Albinus, on voit Minerve Pacifère avec une branche d'olivier à la main.

La pose de la *Minerve* du Musée Campana est très-belle de noblesse et de sévérité : le visage, comme dans le *Jupiter*, a une expression divine. Le casque est surmonté d'un sphinx et de deux

(1) Junon, chez laquelle les symbolistes et les mythologues modernes retrouvent la grande Bhavani de l'Inde, l'Anaïtis ou la Mitra des Perses, était aussi la Vénus Astarté ou Uranie des Phéniciens et des Carthaginois, la Héré de Samos, la Léto de l'Égypte et l'Ilithya de la haute Asie.

(2) Cette Junon, la *Héré* d'Argos, était qualifiée de Εὐείμων, la déesse *bien mise* (Pausanias, II, 17 ; — Strabon, VIII, p. 372). Polyclète la sculpta d'après l'idéal d'Homère (*Iliade*, IV, 8, 51 et suiv. ; — Heyne, t. IV, p. 563), comme Phidias réalisa son Jupiter Olympien d'après la même inspiration. Assise sur un trône d'or, elle portait sur la tête une couronne où l'on voyait en relief les Heures et les Grâces : ses pieds reposaient sur une peau de lion. Dans une main, elle tenait le sceptre surmonté du coucou, et, dans l'autre, la grenade mystérieuse de Rhéa, emblème des principes de la vie physique et de la semence des plantes, des animaux et de tous les êtres Athen., XI, p. 265 ; — O. Muller, *Archæologie der Kunst*, p. 449). Telle était la Junon des Grecs. — Quant à la Junon de l'Italie, *Juno Sospita* ou *Libératrice*, de Lanuvium, elle avait pour vêtement une peau de chèvre ; elle était armée d'une pique et d'un petit bouclier, et ses pieds portaient des chaussures recourbées à leur extrémité. C'est ainsi qu'elle est décrite dans Cicéron (*De natura Deorum*, I, xxix, p. 131). De plus, elle avait de longues cornes, comme on le voit encore dans les monuments figurés (*Musée Clémentin*, t. II, pl. 21). C'était la divinité tutélaire des pasteurs latins, quoique les Romains eussent, d'ailleurs, leur Junon *Romaine* et *Capitoline*. Comme la prêtresse de Junon Argienne devait se rendre à son temple sur un char attelé de bœufs, les impératrices romaines, qui voyaient dans Junon leur patronne et leur modèle, se plaisaient à imiter cet usage (Visconti junior, *Memorie encyclopediche di Roma sulle Belle arti*, t. III, p. 61-67).

(3) Pausanias, liv. I; liv. IV; liv. VII, ch. v; liv. VIII, ch. xlvi; liv. IX.

(4) La Minerve *Pacifique* ou *Pacifère*, qui rappelait le même ordre d'idées que la Minerve Ergane, était ordinairement représentée avec un flambeau renversé et sans lance, avec cette inscription ΑΘΗΝΑ ΕΙΡΗΝΟΦΟΡΟΣ (Guigniaut et Creuzer, *Hist. des Relig.*, t. II, p. 11).—Voy. Winckelmann, *Mon. inéd.*, t. III, p. 207. — *Mus. Clém.*, t. I, pl. 8 et 9 ; — *Descr. du Mus. des Ant.*, p. 85-172 ; — *Mus. Cap.*, t. III, p. 16 ; — *Mus. Borbon.*, t. VII, pl. 60.

chouettes, oiseaux d'Athènes et de la Blonde Minerve (1). Ce rare morceau montre à quel degré de perfection l'art grec pouvait atteindre dans la statuaire en marbre.

. Le *Mercure Agorée* brille d'un éclat incomparable, aux yeux des artistes comme aux yeux des amateurs : cette figure toute magistrale a un caractère particulier de haute simplicité et de grandeur tranquille. La main gauche posée si élégamment sur la hanche, l'attitude légèrement inclinée en avant, et la belle division musculaire de la poitrine, en font un morceau académique, glorieux pendant de celui qui est au Vatican. La statue n'a ni les talonnières, ni le caducée, ni les ailes au chapeau, ni la bourse. Elle a seulement une draperie sur le bras gauche, comme celle du Vatican; et cependant je lui donne le nom et les attributions de Mercure : c'est qu'en effet ces deux statues, celle du Vatican et celle du Musée Campana, quoique le bras gauche manque, dans l'une comme dans l'autre, sont des Mercures. L'ingénieux Visconti ne voulut voir dans la statue du Vatican ni un Méléagre, comme le pensait Winckelmann (2), ni un Hercule imberbe, comme le pensait Raphaël Mengs. Il déclara et il soutint que c'était un Mercure, et il

---

(1) On sait que, dans l'antiquité, les Minerves sont blondes comme les Apollons, les Méléagres. Pindare, dans la dixième *Néméenne,* v. 13, dit « la blonde Minerve, » de même que Stace au troisième livre de sa *Thébaïde :*

> Flavœque sonos avis unca Minervæ.

Tibulle s'adresse à Minerve et l'invoque, en prenant à témoins ses blonds cheveux :

> Per flavos crines, casta Minerva, tuos.

Visconti fait, à ce sujet, à propos du Méléagre du Musée Clémentin, une observation très-fine et très-juste. Il remarque que le statuaire a essayé d'indiquer la couleur blonde des sourcils de Méléagre, en donnant, dans cet endroit, très-peu de relief au marbre. La même observation peut s'appliquer aux Minerves, aux Apollons, aux Bacchus. Comme dans les pays méridionaux, le teint est en général brun, la couleur blonde et la blancheur de la peau avaient beaucoup plus de prix. Aussi, en Grèce, ces qualités étaient-elles rares et fort recherchées. C'est pour cela que les poëtes ne manquent jamais d'en faire mention. Platon nous apprend que « les Grecs nommaient *enfants des dieux* les enfants qui avaient une peau blanche (*Polit.*, liv. V, p. 422). » Homère et Simonide donnent à Apollon l'épithète de *Aux cheveux dorés,* d'où le *flavus Apollo* d'Ovide et des poëtes latins :

> . . . . . . Mihi flavus Apollo
> Pocula castalia plena ministrat aqua.

> Ille caput flavum lauro Parnasside vinctus.

Homère dit de Méléagre qu'il était blond, ξανθός (*Iliade,* B, v. 642). Juvénal, dans la cinquième satire, lui donne aussi l'épithète de *flavus.* Achille était blond (*Iliade,* A, 197). Bacchus est blond dans Euripide (*in Bacch.,* v. 235) et dans Sénèque (*OEdipe,* v. 421). Thésée est blond dans Ovide (*Epist. IV,* v. 72) et dans Sénèque aussi (*in Hippol.,* v. 652). Ménélas est blond dans Pindare (*Ném.,* VII, v. 41). Il en est de même d'OEdipe dans Euripide (*in Phœniss.,* v. 32) et de Jason, selon Philostrate (*Icon.,* VII, oper., t. II, p. 872). Élien, dans ses Histoires, nous apprend qu'Alexandre était blond (*Var. hist.,* l. XII, c. XIV). Dans Théocrite, Périmède est blonde (XI, 17). Hésiode donne à Ariane des cheveux blonds; il la nomme ξανθὴν Ἀριάδνην (*Théog.,* v. 947). Ovide dit aussi en parlant d'elle :

> Flavos movet aura capillos.
>> *De arte amat.,* I, v. 532.
> Nuda pedem, croceas irreligata comas.
>> *Fastes,* liv. V, v. 609

On pourrait multiplier à l'infini ces citations. La distinction naturelle qui résultait, chez les Grecs, de la couleur blonde, était si réelle que Pindare, pour dire des Grâces qu'elles étaient *belles,* dit qu'elles étaient *blondes,* ξανθαῖ; χάρισσιν (PINDARE, *Néméenne,* V, 99).

(2) WINCKELMANN, *Hist. de l'art,* t. II, liv. XII, ch. I, p. 306.

eut raison en cela comme en tant d'autres occasions. Le Mercure du palais Farnèse, qui, dans la planche du *Musée Clémentin,* représente la même figure avec la même attitude, mais qui n'est pas mutilée, ainsi qu'une pierre gravée qui l'accompagne (1), tient *un caducée* dans la main gauche (2). Ces deux documents vinrent appuyer la conjecture de Visconti. Outre le *Mercure Farnèse,* qui démontra que ce n'était ni un *Méléagre,* ni un *Hercule imberbe,* mais bien un *Mercure Agorée* (3), Visconti eut encore pour lui trois autres figures semblables dans la collection de la villa Mattei (4), aussi bien que celle que le Comte de Caylus a publiée (5).

La *Vénus avec un dauphin et l'Amour à ses pieds* est un des types que l'art grec a multipliés avec le plus de profusion (6). Elle a la pose qu'Ovide indique dans le distique fameux :

Ipsa Venus pubem, quoties velamina ponit,
Protegitur læva semireducta manu (7).

Il est difficile de trouver une Vénus marine dont l'ensemble soit aussi remarquable que celle du Musée Campana. En raison du dauphin et de l'enfant, qui sont des accessoires intacts, elle a des analogies avec la Vénus du Capitole, et aussi avec cette belle Vénus Anadyomène que j'ai distinguée au Musée de Naples, dans la salle de l'Adonis. La *Vénus* du Musée Campana est d'une admirable beauté et d'une conservation entière. La richesse des formes, l'élégance de l'attitude, la grâce de toute la statue, en font un de ces rares chefs-d'œuvre qui brillent au premier rang dans les grandes collections de l'Europe.

(1) *Musée Clém.,* pl. 12.

(2) Le caducée, attribut principal de Mercure, est la baguette d'or au triple feuillage et d'une vertu toute magique qu'il reçut d'Apollon, auquel il venait de donner la lyre qu'il avait inventée, ainsi que les pipeaux rustiques. Cette baguette d'olivier, ῥάϐδος, qui le fait appeler si fréquemment χρυσόῤῥαπις, *à la baguette d'or,* rappelle la merveilleuse baguette de Circé, dont Ulysse détruit les enchantements en invoquant Hermès ou Mercure, plus puissant qu'elle sur la nature (*Odyssée,* X, 277, 293, 319, 331), et la baguette non moins souveraine d'Aaron, de Moïse et des magiciens de l'Égypte (*Hist. des religions,* t. II, p. 11). Ce n'est que plus tard qu'à la baguette avec des bandelettes on substitua des serpents entortillés autour, ainsi que l'explique Ottfried Muller, d'après Böttiger dans l'*Amalthea* (I, p. 104). Les serpents, qui sont ici donnés comme symboles de concorde et de prudence, paraissent avoir appartenu, dès le principe, à Hermès Chthonius et Trophonius, comme emblèmes de la vie souterraine et de l'agriculture (*Schol. ad Aristoph. Nub.,* 504).

(3) On voit Mercure se transformer déjà, dans Homère, en un jeune homme dont la barbe commence à pousser, et qui représente toute la grâce de la jeunesse; c'est l'idéal de l'éphèbe à cheveux courts et crépus, le dieu des gymnases, des palestres et des jeunes gens, auxquels il emprunte la dénomination Ἐναγώνιος, « qui préside aux combats et aux jeux » (*Eustath. in Odyss.* VIII, 266). C'est alors qu'il devient le médiateur ami, favorisant les échanges entre les hommes, montrant la route aux voyageurs, les conduisant et les escortant : Ἐνόδιος, ἡγεμόνιος, ἀγήτωρ (ARISTOPHAN., *Plut.* 1160; — PAUSANIAS, VIII, 31); ouvrant et fermant les portes : προσπύλαιος, στροφαῖος (ARISTOPHAN., ibid.); c'est enfin le *Mercure Agorée,* c'est-à-dire le Mercure de la Place publique où triomphe la parole et où se tient le Marché : ἀγοραῖος, ἐμπολαῖος, κερδῶος : il est alors le dieu du travail, comme Minerve Ergane, c'est le *nundinarum ac mercium, commerciorumque mutator* (ARNOBE, *Adversus Gentes,* liv. III).

(4) *Monum. Matteiana,* t. I, pl. 88.

(5) CAYLUS, *Recueil d'ant.,* t. VII, pl. 68. L'*Augusteum* de Dresde donne aussi une statue semblable (t. II, pl. 54).

(6) Le Père Paciaudi, bibliothécaire et antiquaire du Duc de Parme, parle, dans ses *Lettres au Comte de Caylus,* « d'une *Vénus avec un petit enfant et un dauphin* découverte à Colonne, sur l'emplacement de l'ancien Labicum, » et qu'on disait « d'un travail plus exquis que la *Vénus de Médicis.* » (*Lettres du Père Paciaudi,* p. 3.)

(7) OVIDE, *De art. amat.,* liv. II, v. 614.—*Descr. des Ant. du Mus. du Louvre,* p. 239.—*Mus. Florent.,* pl. 16, 19.

La *Vénus accroupie avec Cupidon* n'est pas seulement une statue, c'est un groupe. A ce titre, elle se recommande doublement à l'attention du public, comme un objet d'art des plus précieux. Tout l'ensemble est d'un effet charmant. On sait que Polycharme, sculpteur grec, avait fait une Vénus au bain avec Cupidon, qu'on admirait, du temps de Pline, sous les Portiques d'Octavie (1). Les pierres gravées antiques, dans lesquelles la composition de Polycharme est fidèlement reproduite, la représentent dans la même attitude, avec les mêmes accessoires. Le Bernin a été appelé à restaurer le bras droit de l'Amour et la tête du dauphin dans la *Vénus avec Cupidon* du Musée Campana. Ce groupe capital a fait partie autrefois de la galerie Randanini; il a été gravé et souvent reproduit. Il est à remarquer, en outre, qu'il a été découvert dans les environs des Portiques d'Octavie, il y a deux siècles environ.

Il suffit de voir la *Vénus Genitrix* pour être saisi de la grande beauté de cette figure et pour reconnaître qu'on a devant soi un des chefs-d'œuvre de la statuaire. C'est bien à cette puissante *Vénus Genitrix* qu'on peut adresser les fameux vers si populaires de Lucrèce :

> . . . . . Hominum, divumque voluptas,
> Alma Venus.....

Il n'est pas un amateur passionné de l'art qui n'éprouve un sentiment d'enthousiasme à la vue de ces contours ondoyants et de cette pose d'une simplicité, d'une noblesse et d'une grâce suprêmes. Ni l'art, ni le goût, ni l'expression de la beauté, sûre d'elle-même, ne peuvent aller plus loin. Cette belle statue reproduit l'attitude des Vénus placées sur les médailles de César; et César se plaisait à répéter qu'il descendait de Vénus par Énée (2). Elle tient dans une main la pomme, et, de l'autre, elle relève sa robe, après s'être montrée nue à Pâris (3). On sait que César

---

(1) « *Venerem lavantem sese, Dædalum stantem Polycharmus fecit.* » PLINE, XXXVI, ch. x. Aucun auteur n'ayant parlé du *Dédale debout* de Polycharme, Sillig, dans son *Catalogus artificum,* propose de lire « *Venerem lavantem sese, sed et aliam stantem.* » Il y aurait donc eu deux Vénus de Polycharme, l'une accroupie, l'autre debout, si la conjecture de Sillig était admise (*Catal. artific.*, p. 359).

(2) « Par sa mère, ma tante Julie est issue des rois, disait César; par son père, elle se rattache aux dieux immortels. On voit donc unis dans notre famille et la majesté des rois, qui sont les maîtres des hommes, et la sainteté des dieux, qui sont les maîtres des rois. » — « Est ergo in genere et sanctitas Regum, qui plurimum inter homines pollent, et cærimonia Deorum, quorum ipsi in potestate sunt reges. » (SUÉTONE, *Vie de J. César,* ch. I, § VI.) — Le peuple lui-même conserve, à Rome, des traditions généalogiques du même genre que celles de César et des empereurs, ses anciens souverains. « Il n'est pas rare, au milieu des querelles du peuple de la Rome moderne, d'entendre les Transtévérins s'écrier dans leur dialecte : « *Semo Romani, per Dio! Semo sangue Troiano!* » « J'ai entendu, en Sicile, les villageois du petit bourg de Palomba, qui, sans avoir lu Virgile ou Homère, s'appelaient encore *discendenti di Troia.* » Jos.-VICT. LE CLERC, *Des Journaux chez les Romains,* p. 160.

(3) Les attributs ordinaires de Vénus sont la pomme, qui dans l'origine n'était autre que la pomme de grenade, symbole de la fécondité, qu'on voit dans les mains de Rhéa, de Junon, etc.; le pavot, qu'elle avait en partage comme Cérès; et enfin le myrte et la rose. Les colombes, les passereaux et quelquefois les cygnes traînaient son char. Les cerfs lui étaient consacrés. Canachus, dans la statue d'ivoire et d'or qu'il fit de Vénus, la représenta assise sur un trône, le *polos* sur la tête, avec le pavot et la pomme dans les mains. On la voit, comme Vénus Érycine, avec la colombe et l'Amour à ses pieds : sur des peintures de vases elle a un miroir à la main. Le plus souvent, elle relève les plis de son vêtement, comme ici, et laisse un de ses seins à découvert, ce qui est un des traits particulièrement caractéristiques de Vénus. —Voy. *Mus. Clém.,* IV, 8. —*Descr. des Ant. du Louvre,* p. 21.—*Mus. Flor.,* p. 39.—*Hist. des Relig.,* t. III, IIIe part., p. 1060.—O. MULLER. *Hand. der Arch.,* p. 494.—GERHARD, *Prod.,* p. 93.

fit élever à *Vénus Genitrix* un temple tout en marbre, dans lequel il dédia en son honneur, dit Pline, six écrins de pierres précieuses (1). Le nom de *Vénus Nicéphore* (2) fut son mot d'ordre à la journée de Pharsale, et celui de *Vénus* seulement à la journée de Cordoue. C'est à cela que fait allusion Properce dans ce vers du quatrième livre des Élégies :

> Vexit et ipsa sui Cæsaris arma Venus.

Ce culte à Vénus Genitrix passa même de Rome en Espagne. Une inscription d'Ebora, rapportée par Gruter, nous montre les décurions de cette ville érigeant un monument à César, et les dames portant un présent à *Vénus Genitrix : Veneri Genitrici cæstum matronæ donum tulerunt.*

La *Vénus Genitrix* du Musée Campana est un morceau de premier ordre pour les hommes de goût : elle prend sa place, dans l'art, à côté de la Vénus de Milo (3).

Le *Cupidon bandant son arc*, statue de marbre grec, est l'un des morceaux du Musée qui se recommande à la fois par la perfection de ses formes et par sa belle conservation, qui le placent au premier rang. Il a été trouvé au pied de la partie occidentale du Palatin. Il a la même attitude que les Cupidons qui sont au Vatican, à Londres, au Louvre, et qu'on suppose, à tort, selon nous, être des répliques de ce fameux Cupidon de Praxitèle, pour lequel on faisait exprès le voyage de Thespies, et dont Verrès avait enlevé une répétition à Héïus, riche habitant de Messine.

Ce Cupidon était en marbre pentélique; ses ailes étaient dorées (4); il tenait son arc à la main. Praxitèle avait donné ce chef-d'œuvre à Phryné, qui en fit hommage à Thespies, sa patrie, dévastée par les soldats d'Alexandre. On le consacra dans un ancien temple de l'Amour. « Thespies n'est plus rien, disait Cicéron; mais elle conserve le Cupidon de Praxitèle, et il n'est aucun voyageur qui ne s'y rende pour y admirer le chef-d'œuvre. » Nous avons dit plus haut que Caligula et ensuite Néron le firent transporter à Rome. Praxitèle en avait exécuté de nombreuses répliques. Ajoutons qu'il avait modelé, en original, un autre Cupidon nu pour la ville de Parium,

---

(1) Les générations futures découvriront un jour, avec étonnement, dans les fouilles de Paris disparu, une médaille qui leur rappellera la monnaie de César. Elle porte d'un côté une Vénus, et de l'autre le profil sévère du général Bonaparte. C'est la médaille que Denon remit au Premier Consul, pour rappeler à la postérité que le jeune vainqueur avait envoyé, comme trophées de ses victoires, des chefs-d'œuvre à sa patrie.

(2) Vénus *Victrix*, Νικηφόρος, c'était l'Aphrodite armée de Sparte. Quand elle prend cette dénomination, elle est alors ou l'amante de Mars, portant les attributs du dieu de la guerre, ou la Vénus, fière de sa victoire, tenant la pomme à la main. Sous la figure de la Vénus *Genitrix* ou *Felix*, elle est l'Aphrodite, mère des générations, aïeule de César et des Romains, qui réunissait les attributs de l'empire à ceux de la fécondité.

(3) La *Vénus Victrix avec l'Amour*, dite Vénus de Capoue, du Musée de Naples, comme la *Vénus drapée* de Dresde, a une singulière analogie d'attitude avec notre Vénus de Milo (Voy. *Museo Borbonico*, t. III, pl. 44 ; — *Augusteum* de Dresde, t. II, pl. 43). J'ai déjà cité, pour les Vénus en ivoire et en or, le savant ouvrage de M. Lajard, *Recherches sur le culte de Vénus*. Je mentionnerai encore une récente dissertation du même académicien sur l'*Aphrodite Pandemos Epitragia*, insérée en octobre 1854, n° 70, dans le *Denkmäler und Forschungen, Archæologische Zeitung*.

(4) M. Guigniaut, dans ses savantes notes de l'ouvrage sur les *Religions de l'antiquité*, fait remarquer que l'Amour *ailé* ne date que de l'époque de Bupalus de Chio, c'est-à-dire de la soixantième olympiade (t. III, p. II, p. 1038). Voy. GERHARD, *Ueber die Flügelgestalten. Berlin. Akad.*, 1838. — WELCHER, *Rheinisch. Mus.*, VI, 585.

dans la Propontide (1). Lysippe aussi avait sculpté pour Thespies un Cupidon qui y attirait beaucoup d'étrangers ; mais il était en bronze. Pausanias (2) mentionne les deux Amours de Thespies.

Il serait superflu de faire l'éloge du *Bacchus jeune*, dont la pose et l'anatomie sont des modèles de grâce. En général, ces figures étaient toujours traitées avec soin. Dans la Grèce, tout était conçu et préparé pour produire la beauté et pour en consacrer le culte. En effet, chez les Grecs tout était beau. La chevelure des géants est belle dans Pindare ; la tête de Méduse est belle ; les Parques qui assistent à la mort de Méléagre sont de belles vierges. Il n'est pas jusqu'aux Furies qui ne soient belles. Sophocle les appelle ἀεὶ παρθένους, ou « toujours vierges ». C'est ainsi qu'on les voit figurées sur les vases peints de Naples et sur beaucoup d'autres. On connaît l'histoire de la Vénus qu'avait sculptée Agoracrite, l'un des élèves de Phidias : l'artiste n'eut besoin que de changer la coiffure de sa statue pour faire d'une Vénus une Némésis. A Sparte et à Lesbos, dans le temple de Junon, ainsi que chez les Parrhasiens, il y avait des défis de beauté parmi les jeunes femmes, défis appelés τὰ καλλιστεῖα (3), et il y en avait pour les hommes en Élide. On sait que pour avoir de beaux enfants les Lacédémoniennes gardaient dans leurs chambres à coucher les statues de Nirée, de Narcisse, d'Hyacinthe, de Castor et de Pollux (4). Dion Chrysostome se plaint de ce que, de son temps, et du temps de Trajan, on ne faisait plus d'attention à la beauté des hommes et de ce que l'on ne savait plus l'apprécier (5).

Le *Bacchus jeune* du Musée Campana est un des types les plus charmants de cette beauté juvénile si admirée des anciens ; c'est un vrai chef-d'œuvre d'élégance (6).

La *Diane chasseresse*, qui paraît être un portrait, est représentée au moment où elle part pour la chasse ; c'est la *Diana succincta* avec l'arc et les chiens, telle qu'on la voit dans les médailles de

---

(1) « Ejusdem (Praxitelis) et alter nudus in Pario, coloniâ Propontidis. » (Pline, liv. XXXVI, iv, 4.) — C'est à regret, je l'avoue, que je laisse subsister, à l'occasion du *Cupidon*, l'opinion qui a cours depuis si longtemps, et qui a toute l'autorité d'un préjugé, à savoir que notre Cupidon, comme celui du Vatican, qu'il reproduit presque complétement, est le Cupidon de Thespies. Il est évident cependant, pour moi, que ce serait plutôt une réplique de celui de Parium. Ce qui me détermine à émettre cette opinion, qui est aussi celle de J. B. Visconti (*Mus. Clém.*, t. I, p. 20, pl. 12), c'est que les historiens disent, en effet, que le Cupidon de Thespies était vêtu et celui de Parium nu. Or, le Cupidon du Vatican, celui de Londres, celui de Paris, le nôtre enfin, sont nus. — Scopas aussi avait fait un *Amour* célèbre qui était dans le temple de Vénus à Mégare. (Pausanias, *Attique*, liv. XLIII.)

(2) « Θεσπιεῦσι δὲ ὕστερον χαλκοῦν εἰργάσατο Ἔρωτα Λύσιππος, καὶ ἔτι πρότερον τούτου Πραξιτέλης, λίθου τοῦ Πεντελησίου. » Pausanias, *Béotie*, ch. xxvii.

(3) Athen., *Deipnosoph.*, liv. XIV. — Id., liv. C.

(4) Oppien, *Cynégét.*, liv. I, v. 357.

(5) Dion Chrysostome, *Orat.*, XXI, p. 269.

(6) Je n'ai pas cru que, dans un ouvrage consacré particulièrement à l'examen critique d'œuvres d'art, il fût de mon sujet de m'étendre longuement sur les questions de pure mythologie. Cependant, j'ai signalé en notes les publications les plus distinguées ou les plus récentes sur ce sujet si intéressant d'ailleurs. Ainsi je citerai, à propos de Bacchus, les excellentes notes de M. A. Maury dans le 3ᵉ volume de la Symbolique de Creuzer, *Hist. des Relig.*, t. III, p. ii, liv. VII, p. 890 et suiv. — Ottfried Müller, *Prolegomena zu einer wissenschaftlichen Mythologie*, p. 379 sq., et *Handbuch der Archœologie*, § 395. — Böttiger, *Ideen zur Kunstmythologie*, her. von Sillig, t. II, et *Vasengemälde*, I, iii. — Voss, *Mythologische Forschungen*, Leipzig, 1834 ; — et enfin, Gerhard, *Text zu antiken Bildwerken*.

Syracuse et dans les autres monuments de l'antiquité. C'est la Diane de Callimaque et d'Ovide :

> Talia pinguntur succinctæ crura Dianæ,
> Quum sequitur fortes, fortior ipsa, canes (1).

La draperie qui enveloppe cette figure est très-originale, et la chaussure, qui est un brodequin de forme caractéristique qu'on coloriait quelquefois, rappelle le vœu de Corydon promettant à Diane une statue avec des *brodequins rouges* :

> . . . . Levi de marmore tota,
> Puniceo stabis suras evincta cothurno (2).

L'*Apollon*, comme le *Bacchus*, frappe le spectateur par la rare perfection de ses formes et par l'expression tout idéale de son visage. Apollon et Bacchus sont en effet les figures de l'antiquité sur lesquelles les artistes ont répandu avec le plus d'amour toutes les beautés du corps humain. Ils les ont reproduits comme jouissant d'une jeunesse éternelle et d'une grâce qui tient beaucoup de celle de la femme. C'est ce qu'Ovide exprime en parlant de Bacchus :

> Virgineum caput est....
> Virgineam in puero, puerilem in virgine (3).

Quoique la figure du Dieu de la Poésie et de la Musique soit une de celles qui se rencontrent le plus fréquemment dans les grandes collections (4), l'*Apollon* du Musée Campana est certainement l'un des plus remarquables parmi les beaux fragments de l'école grecque.

Les *Neuf Muses* forment l'assemblée la plus poétique et la plus harmonieuse qui se puisse voir. On sait que les Muses étaient à la fois, par une ingénieuse fiction des Grecs, les déesses des sciences et des arts. Pausanias rapporte que, dans l'origine, elles n'étaient que trois, dont les noms en grec correspondaient aux mots *Mémoire, Méditation* et *Chant*. Hésiode est le premier qui en ait compté neuf. Varron explique ce nombre par ce fait, que la ville de Sicyone ayant chargé trois sculpteurs de faire chacun, en concurrence, trois statues des Muses pour le temple d'Apollon, les neuf statues se trouvèrent également belles : la ville crut devoir alors les acheter toutes. C'est par la suite qu'Hésiode leur donna le premier les noms qu'elles portent. Cléomènes, auteur de la Vénus de Médicis, avait fait des Muses célèbres, dites les *Thespiades*, que Mummius fit

---

(1) Ovide, *De arte amat.*, l. III, ch. I, v. 31.

(2) Virgile, *Eglogue VII*, v. 31.

(3) Ovide, *Métam.*, liv. IV, fab. 1 ; liv. VIII. — Il y a au Musée de Naples un petit Apollon de bronze, nu et courant, qui fait pendant à une petite Diane Sagittaire ailée. J'ai longtemps admiré cet Apollon, qui est un chef-d'œuvre pour la perfection de ses jambes, de ses pieds, et surtout pour l'élégance aristocratique de ses chevilles. Il m'a rappelé et fait comprendre la charmante épithète qu'Hésiode applique à la Victoire, fille de Styx, ainsi qu'à Alcmène, qu'il nomme l'une et l'autre καλλίσφυρον, *aux belles chevilles* (*Théog.*, v. 385, 950). Les anciens empruntaient à la nature, pour les rendre à l'art, ces gracieuses qualifications à l'aide desquelles ils caractérisaient non-seulement la beauté en général, mais encore le détail particulier propre à chaque beauté. C'est ainsi qu'ils appréciaient et vantaient beaucoup les longues paupières. Quoi de plus élégant que l'épithète καλλιϐλέφαρος, *aux belles paupières ?* Et cette autre, qui ajoute encore à l'originalité de la première, χαριτοϐλέφαρος, *sur les paupières de laquelle siégent les Grâces.* Hésiode va encore plus loin : il dit ἑλικῶπις, ἑλικοϐλέφαρος, *à la paupière qui ondule, qui se relève en arc.* (*Théog.*, v. 998.)

(4) *Descript. du Louvre*, p. 9, 62, 63, 84, 86, 222, 228, 301, 307. — *Mus. Cap.*, t. III, pl. 25. — *Mus. Florent.*, pl. 8, 12. — *Description of British Museum*, t. III, pl. 427.

transporter à Rome. Philiscus de Rhodes avait aussi sculpté les neuf Muses, qui figuraient, comme nous l'avons dit plus haut, dans le Portique d'Octavie. Nos Muses seraient-elles des répliques dues au ciseau illustre de l'un ou de l'autre de ces deux maîtres?

Ces neuf Muses de la collection Campana, outre la supériorité de leur exécution, ont encore un précieux avantage, celui d'être toutes à peu près de proportions pareilles, quoique trouvées cependant dans des endroits différents. On ne sait à laquelle accorder la préférence, car elles la méritent toutes. L'*Uranie*, la *Polymnie* et la *Calliope* sont des morceaux du plus beau style, et je ne sais rien de plus charmant que l'*Érato*, qui tient dans sa main aux doigts effilés la lyre inventée par Mercure (1), avec l'écaille de tortue surmontée des cornes de l'antilope. C'est la Muse qu'invoquent les poëtes chantant leurs amours. C'est elle qu'Ovide implore dans le début de l'*Art d'aimer*, à cause de son nom tiré du mot grec ἐράω :

> Nunc mihi si quando, puer et Cytheræa, favete,
> Nunc Erato : nam, tu, nomen Amoris habes.

Le bas-relief d'*Apollon et Marsyas*, sculpté sur un sarcophage, est toute une épopée de marbre : c'est une page d'un poëme grec. La peinture de Zeuxis, qui représentait *Marsyas attaché*, et que Pline vit à Rome dans le temple de la Concorde, est l'une des plus célèbres reproductions de cette scène mythologique. Winckelmann (2) a fait connaître une composition analogue. On retrouve aussi dans le beau bas-relief en marbre de Paros que possède le Musée du Louvre, quelques détails communs aux compositions de ce genre, et entre autres le Scythe qui aiguise le couteau, dont les statues détachées ont eu longtemps dans l'histoire de l'art des attributions si diverses (3). Ce bas-relief de Marsyas est l'un des plus considérables qui aient jamais figuré dans un Musée. Dans cette composition divisée en deux scènes on voit, entre autres détails, d'un côté, le pin auquel Marsyas est attaché, et de l'autre, derrière Apollon, une figure couchée qui doit indiquer, si je ne me trompe, la personnification du lieu où la scène s'est passée. Ce lieu est le vallon d'Aulocrène, près d'Apamée en Phrygie, dans lequel coule le *Marsyas*. Strabon (4) nous apprend que c'est là que la tradition

---

(1) HORACE, liv. 1, Od. x, « *Curvæ... lyræ parentem.* »

(2) WINCKELMANN, *Monum. inéd.*, pl. 42.

(3) Maffei, dans son *Recueil de statues*, a appelé cette figure l'*Arrotino* (le Rémouleur), et le nom lui en est resté. Il n'est aucun sujet sur lequel on ait hasardé successivement plus de conjectures que celui-là. Les uns voulaient y voir l'esclave qui découvrit la conjuration de Catilina, opinion que réfuta Maffei (*Recueil de statues antiques*, pl. 41, p. 42); les autres crurent y reconnaître l'augure Attius Navius, dont parle Tite-Live (liv. I); d'autres ont pensé que c'était Milicus, affranchi de Scevinus, qui surprit la conspiration contre Néron, dont Tacite raconte l'histoire (*Ann.*, liv. XV, 53, n° 65). Lanzi, dans sa description de la Galerie de Florence (ch. xiv, p. 174), prétendit, à son tour, que cette statue avait été érigée au barbier de Jules César, pour avoir dénoncé la conjuration dont parle Plutarque dans la vie de César (t. I, p. 731) et tramée contre lui par Achilla et Pothin. Les moustaches et le petit flocon de barbe indiquaient pourtant que cet homme était un étranger, et son costume n'était point romain. Enfin, Leonardo Agostini émit l'opinion que ce devait être le Scythe qui écorche Marsyas. Cette opinion, rapportée par Gronovius (*Thesaur. ant. Græc.*, t. II, pl. 86), fut suivie par Winckelmann dans son *Explication des Monuments inédits* (part. i, ch. xvii, n° 42). Depuis lors, c'est l'attribution qui a prévalu : l'examen du bas-relief du Musée Campana vient la confirmer complétement.

(4) « Ἀπάμεια... ἐνταῦθα δὲ μυθεύεται τὰ περὶ τὸν Ὄλυμπον καὶ τὸν Μαρσύαν καὶ τὴν ἔριν, ἣν ἤρισεν ὁ Μαρσύας πρὸς Ἀπόλλωνα. » STRABON, *Phrygie*, liv. XII, ch. viii.

plaçait la fable d'Olympus et de Marsyas, ainsi que le défi de Marsyas contre Apollon. Pline (1) raconte également que « dans cette contrée appelée Aulocrène, par laquelle on passe pour aller d'Apamée en Phrygie, on voit un platane auquel Marsyas, qui le choisit parce qu'il était très-haut, se pendit, de désespoir d'avoir été vaincu par Apollon. » Ovide (2) suit la même tradition. Dans le charmant passage où l'on voit Marsyas s'essayer sur la flûte que Minerve vient d'abandonner sur le gazon, le poëte dit que Marsyas, ayant été vaincu par Apollon, se pendit :

> Provocat et Phœbum ; Phœbo superante, pependit.
> Cæsa recesserunt a cute membra sua.

Il rapporte aussi dans son poëme de l'*Ibis*, que le fleuve a pris son nom de Marsyas :

> Nudave derepta pateant tua viscera pelle,
> Ut Phrygii cujus nomina flumen habet.

Et ailleurs, dans les *Métamorphoses* (3) :

> Inde petens rapidum ripis declivibus æquor,
> Marsya nomen habet, Phrygiæ liquidissimus amnis.

Pline, en parlant du platane auquel Marsyas a été attaché ou s'est pendu, contredit la tradition, qui rapporte que ce fut un pin. Les différents bas-reliefs connus, et notamment celui du Musée Campana, contredisent l'assertion de Pline (4) et confirment la tradition vulgaire.

Le nombre et la conservation des figures de ce bas-relief d'*Apollon et Marsyas* en font une œuvre de sculpture tout à fait hors ligne.

Parmi les sujets demi-fabuleux, demi-héroïques, on doit recommander en première ligne la *Naïade sur un cygne*, œuvre deux fois intéressante, et comme statue et comme groupe. Que cette nymphe soit ou non l'*Arsinoë* de Catulle, montée sur l'autruche, il n'en est pas moins établi qu'il est difficile de rencontrer, pour une fontaine, une composition plus élégante et d'un ensemble plus harmonieux.

La *Naïade*, qui vient après, et qui servait également à décorer une fontaine, est une des plus jolies figures du Musée. Elle est debout et dans toute la force de l'âge, de la grâce et de la beauté. Nue dans la partie supérieure du corps, elle est enveloppée d'une draperie depuis la hanche jusqu'aux pieds. Elle tient légèrement de ses deux mains la coquille, d'où jaillissait, sans doute, l'eau coulant de la fontaine. Ces sortes de statues ornaient dans Rome les châteaux d'eau. Les plus connues étaient les *Appiades* ou Nymphes de la fontaine Appienne : elles étaient situées dans le Forum de César, auprès du temple de

---

(1) « Regionem Aulocrenen per quam ab Apamea in Phrygiam itur. Ibi platanus ostenditur, magnitudine electa, ex qua pependerit Marsyas victus ab Apolline. » PLINE, liv. XVI, ch. 44.

(2) OVIDE, *Fastes*, liv. VI.

(3) *Métam.*, liv. VI.

(4) ARCHIAS, *Anthol.*, liv. III, ch. VIII. — NICANDRE, *Alexipharm.*, p. 151. — PHILOSTRATE, *In Icon.* — Voyez encore sur le sujet de Marsyas : DIODORE, *Bibl.*, liv. III. — APOLLODORE, liv. I. — TITE-LIVE, liv. XXXVIII. — HYGIN, *Fabl.*, 165, etc. — MAFFEI, *Gemme antich.*, p. II, n° 43. — *Apollon et Marsyas* sur une agate, *Mus. Clém.*, t. V, p. 4, pl. 3. — Même sujet sur un candélabre.

Vénus Genitrix, et faisaient beaucoup de bruit en jaillissant, si l'on en croit les vers d'Ovide :

Subdita qua Veneris facto de marmore templo
Appias expressis aera pulsat aquis (1).

J. B. Visconti cite, dans le *Musée Clémentin*, une de ces Nymphes Appiades qui ressemble presque complétement à la nôtre, tant pour la pose que pour les accessoires.

Le Musée Campana possède encore les deux *Hylas*, charmantes statues de marbre grec, qui les représentent gracieux comme des Antinoüs, et qui ont dû servir aussi à l'ornement d'une fontaine.

La *Léda* ne le cède en rien à la Naïade. Elle élève en l'air son *peplus* pour recevoir les caresses de l'oiseau de Jupiter. Les véritables connaisseurs dans l'art n'hésitent pas à placer ce joli groupe, pour son entière perfection, au-dessus de la Léda du Capitole, qui jouit cependant, depuis longtemps déjà, d'une grande célébrité (2).

L'*Omphale* est une œuvre d'un grand prix, à cause de sa rareté et de sa belle exécution. La reine de Lydie est coiffée de la peau de lion, dépouille du héros qu'elle a subjugué; c'est le *leo, donum puellæ factus*, de Sénèque (3), « la peau du roi des forêts qui devient le cadeau fait à une jeune fille. » Cette coiffure, et le vêtement qui s'enroule si capricieusement et si élégamment autour d'elle, donnent à cette belle statue un caractère étrange et charmant à la fois, qui sied bien à la femme célèbre qui sut dompter le maître le plus puissant.

L'*Hermaphrodite*, par sa petite stature comme par la perfection de ses contours, est un chef-d'œuvre de grâce mignonne. On connaît le joli vers de Martial au sujet de l'Hermaphrodite :

Pars est una patris, cætera matris habet (4).

Polyclès, fils de Timarchide, avait exécuté, vers la cent cinquantième olympiade, un Herma-phrodite célèbre en bronze : « *Polycles Hermaphroditum nobilem fecit* », dit Pline (liv. XXXIV, ch. xix). Quatre ou cinq copies de marbre de cet Hermaphrodite sont, dit-on, parvenues jusqu'à nous. De toutes ces répliques, celle-ci est certainement la plus attrayante. La tête, qui est tout à fait celle d'une Vénus, est charmante (5).

Les statues de jeunes éphèbes, telles que les *deux Hylas*, le *Flûteur*, le *jeune Athlète*, du Musée Campana, doivent être examinées comme des études de l'antique, qui étaient toujours faites avec soin et traitées on peut dire de prédilection par les statuaires.

Les Grecs attachaient, comme je l'ai observé, une grande importance aux formes accomplies qu'on exigeait des jeunes gens des deux sexes admis dans les jeux solennels de la Grèce. En m'appuyant sur le témoignage de Pline, j'ai fait remarquer plus haut qu'on exécutait des figures

(1) Ovide, *De arte amat.*, liv. I, v. 81.

(2) On trouve dans le *Museum Cortonense* (p. 39, pl. 29), un Amour sur un cygne, gravé sur une cornaline : *Amor, in corneola, cycno insidens.*

(3) Sénèque, *Herc. fur.*, v. 465.

(4) Martial, liv. XIV, épigr. 74.

(5) Sur les *Hermaphrodites*, on peut consulter Heinrich, *Comm. de Hermaphrod.*, Hambourg, 1805; — Welcker, *Ueber die Hermaphroditen*, dans le t. IV des *Studien*, de Daub et Creuzer; — et enfin Böttiger, *Amalthea*, I, p. 352.

iconiques de ces éphèbes, et qu'on reproduisait exactement leurs personnes. C'est ainsi que, parmi les huit figures dont il décora le soubassement du Jupiter Olympien, Phidias se plut à y sculpter un éphèbe « qu'il aimait », dit Pausanias, c'était le jeune Éléen Pantarcès, qui remporta le prix de la lutte des enfants dans la quatre-vingt-septième olympiade. Phidias exécuta une statue en bronze de ce même Pantarcès : elle était dans le bois d'Olympie.

La jeunesse grecque était ainsi soumise à une véritable éducation athlétique, au point de vue des combats. Avant d'entrer en lice, les athlètes subissaient un examen sévère sur leur naissance et leurs mœurs; c'est ce qui explique le haut degré de considération dont ils jouissaient dans toute la Grèce. Presque toutes les villes de la Grèce faisaient venir d'Athènes les maîtres qui devaient instruire les jeunes lutteurs et qu'on appelait les maîtres de palestre. Tel était ce Milésias, maître de Timasarque, dont parle Pindare dans sa quatrième Néméenne. On tirait au sort, au moyen des lettres de l'alphabet grec, pour appareiller les athlètes. Les vainqueurs étaient couronnés avec des feuilles d'ache, à Némée et dans l'isthme. Seulement, à Corinthe, la plante était sèche; à Némée, elle était verte. Dans les jeux d'Athènes, on accordait pour récompense au vainqueur des cruches d'huile, Athènes étant, comme on sait, renommée pour ses oliviers, qu'Hercule, au dire de Pausanias, y avait rapportés du pays des Hyperboréens. Un vase de ce genre, trouvé à Athènes en 1813, et peint, représentait Minerve équestre et un bige conduit par un cocher, avec cette inscription en anciens caractères attiques : τον Αθενεον αθλον εμι, qui équivaut à : τῶν Ἀθηναίων ἆθλον εἰμί; ou mieux Ἀθηνέων, selon Bœckh : « Je suis un prix des Athéniens (1). » Pindare, dans la dixième Néméenne, parle de ces vases d'huile donnés à Athènes. Dans les jeux de Pellène, on distribuait des tissus, parce que le pays était froid, tels que des pelisses, des manteaux (2). Il y avait des jeux où l'on donnait pour prix des trépieds et des vases d'airain. Dans les jeux Pythiques

---

(1) Sur ce vase, d'un pied et demi de haut, trouvé auprès de la porte Hippades, est, d'un côté, une Minerve *Hippia* coloriée dans le goût antique et vue de dos comme la Minerve d'Itone. Sur son bouclier est un dauphin blanc, ce qui convient à Minerve Tritonis. Devant la figure, on lit de haut en bas et en écriture rétrograde :

ΤΟΝ ΑΘΕΝΕΟΝ ΑΘΛΟΝ : ΕΜΙ

De l'autre côté est un bige, dont le conducteur est assis dans le char et paraît conduire les chevaux, en leur présentant auprès des yeux le bout d'un bâton recourbé d'où pendent deux espèces de poires. Bœckh, dans son *Corpus inscriptionum græcarum*, donne cette inscription (t. I, p. 49, n° 33). Il cite encore un vase trouvé à Constantinople avec cette inscription : Ἀγασίας ἄρχων τῶν Ἀθήνηθεν ἄθλων. Ces vases étaient remplis, dit Bœckh, d'huile panathénaïque, *oleo panathenaico*. (Voy. le *Commentaire* de DISSEN sur la *Dixième Néméenne*, v. 34.) — On trouve encore sur des vases grecs donnés en prix cette autre inscription : Η Ο ΠΑΥΣΚΑΛΟΣ, qui y est figurée en anciens caractères pélasgiques. Dans l'origine, c'est l'épithète καλοκάγαθος, *beau et brave*, qu'on décernait aux jeunes vainqueurs; car la beauté et la bravoure étaient les deux qualités que les Grecs appréciaient avant tout. Plus tard, l'épithète de καλός prévalut seule, comme dans l'inscription que je cite. Comme nous aurons occasion de le dire plus loin, quand Néron paraissait sur la scène, le peuple le saluait de ce cri : Ὁ καλὸς Καῖσαρ! C'était une acclamation olympique qui avait une signification spéciale aux jeux sacrés de la Grèce, et qui le flattait particulièrement. Le double sens de l'épithète καλοκάγαθος est resté dans le *bravo* des Italiens modernes au théâtre.

(2) « Pindare dit : « Καὶ ψυχρᾶν ὁπότ' εὐδιανὸν φάρμακον αὐρᾶν Πελλάνᾳ φέρε. » — « Et quand il remporta dans Pellène le remède serein des vents froids, c'est-à-dire les manteaux qui garantissent du froid. » *Olymp.* IX, vers 146. — *Ném.* IX, vers 82. — (*Cours de M. Boissonade.* — *Collège de France.*)

de Sicyone, on distribuait des coupes d'or (1). Les athlètes s'abstenaient de vin, évitaient avec soin le commerce des femmes, et mangeaient peu, surtout le matin. Ils ne pouvaient nulle part, hormis à Sparte, ôter la vie à leur adversaire. Quand il arrivait que l'athlète donnait la mort au vaincu, il était privé de son prix. Périclès disait qu'il protégeait et encourageait les jeux « pour chasser de la vie le chagrin et la tristesse (2). » Strabon énonce que l'on se servait des jeux publics dans la Grèce « pour entretenir l'union et la concorde parmi les différentes nations qui la composaient et pour avoir de bons guerriers (3). »

J'ai donné ces quelques détails sommaires, qui présentent plus d'un genre d'intérêt, pour montrer le soin que les anciens attachaient à entretenir la beauté des formes dans la jeunesse des gymnases. C'est ce qui explique la perfection exquise des éphèbes dans l'art antique et particulièrement parmi ceux du Musée Campana, tels que les *deux Hylas*, le *Flûteur*, le *jeune Athlète*, etc., qui sont des merveilles de grâce délicate.

Le *bas-relief de la famille de Niobé* clôt la série des sujets demi fabuleux. On connaît la fable de Niobé, qui fut victime de la colère de Diane et d'Apollon. On suppose que ce groupe fameux, si connu dans l'antiquité sous la dénomination de la *Famille de Niobé* ou les *Niobides*, était composé de seize statues, en y comprenant la mère et le pédagogue. Les auteurs diffèrent beaucoup sur le nombre des enfants de Niobé. Homère lui en donne douze; d'autres écrivains de l'antiquité lui en attribuent trois, cinq, dix, quatorze et même vingt.

Dans la collection si célèbre des *Niobides*, que j'ai examinée avec soin aux Offices de Florence, les enfants sont au nombre de quatorze; mais il y en a deux qui n'appartiennent probablement pas au groupe, il y en a deux autres qui sont répétés. La mère, qui tient une de ses plus jeunes filles entre ses genoux, est la plus belle, on pourrait même dire la seule vraiment belle, la seule qui permît de prononcer le nom de Scopas. Les autres statues ne sont pas à la hauteur, il s'en faut de beaucoup, du groupe principal, ni pour le style, ni pour l'exécution. La composition du groupe des Niobides de Florence, quant à leur hauteur inégale et à leur décroissance progressive, a fait penser avec raison qu'elles avaient dû servir à décorer les frontons d'un temple : c'est ainsi qu'elles sont disposées à l'École des Beaux-Arts à Paris. S'il m'est permis de formuler mon opinion, je dirai qu'il me paraît que tout l'art du sculpteur s'est concentré sur le groupe de la mère, composé de Niobé, de sa plus jeune fille, de l'autre fille placée à sa gauche, de l'enfant mourant et des deux autres, qui entourent le pédagogue.

(1) Pindare, *Ném. IX*, vers 121 ; X, vers 80.

(2) Thucydide, liv. II, p. 60.

(3) Strabon, liv. IX, p. 642. — Ce même peuple, si délicat dans ses goûts, avait en horreur les jeux cruels, et lorsque, sous le règne des Empereurs, on voulut, à l'instar de Corinthe, devenue colonie romaine, introduire de pareils combats à Athènes, le philosophe Démonax, au dire de Lucien, s'y opposa vivement. Il s'avança au milieu de l'assemblée qui allait s'occuper de cette question et prononça ces belles paroles : « Avant de délibérer sur un tel sujet, ô Athéniens ! il faut renverser l'autel de la Miséricorde ! » (Lucien, *Demon.*, § LVII, p. 293). Malgré l'opposition de Démonax, les spectacles sanglants furent introduits à Athènes, et le peuple y prenait goût : « *Athenienses et hominum cædibus intenti erant;* » mais on les abolit après un court espace de temps, sur l'avis d'Apollonius de Tyane (Philostrate, *Vie d'Apollonius de Tyane*, liv. IV, ch. xxii).

Le reste du groupe est évidemment l'œuvre de quelques praticiens habiles du temps, sortis peut-être des ateliers de Scopas. Il y a au Vatican deux statues de femmes qui ont appartenu à un groupe de Niobé, et qui ont été trouvées à la villa Adriana. Il y en a une autre en Angleterre, une aussi au Musée du Louvre, qui se compose du pédagogue et d'un enfant: ce groupe, chose étrange, a été trouvé en France, en 1831, au pied des murs d'un temple antique à Soissons, le *Noviodunum* de César, l'*Augusta Suessonum* d'Auguste. Enfin, le Musée Clémentin en donne un bas-relief disposé à peu près comme celui-ci, mais d'une exécution moins remarquable. Ces répétitions, qui vinrent jusqu'à Noviodunum, prouvent que ce sujet jouissait d'une grande popularité (1).

Le bas-relief du Musée Campana, quoi qu'il en soit, est une des plus belles et des plus nobles compositions parmi les plus riches morceaux de la galerie. C'est là certainement l'œuvre d'un très-grand maître. Il ne faut pas être initié d'une manière bien particulière aux arts du dessin pour être frappé, dès le premier coup d'œil, de la grandeur touchante de ce poëme de marbre. Rien n'est plus puissant de dessin et plus admirable d'expression que cet ensemble de huit figures, dont chacune forme un chef-d'œuvre à part. Elles sont supérieures aux *Niobides* dont je viens de parler, qui sont aux Offices de Florence, et qui ont donné lieu à tant d'hésitation de la part de Winckelmann, de Raphaël Mengs et de Schlegel. Il n'est pas un artiste qui ne préfère le bas-relief du Musée Campana. Quel style et en même temps quelle simplicité! quelle douleur et en même temps quelle noblesse! Tout cela est pathétique comme inspiration, et cependant tout cela est académique comme exécution; c'est le *nec plus ultra* de l'art (2).

Les sujets purement héroïques présentent aussi beaucoup d'intérêt dans le Musée Campana, parce qu'ils se rapprochent déjà de l'histoire, où nous allons entrer tout à l'heure.

Voici d'abord le *Thésée,* une des plus puissantes réalisations de la force et de la beauté masculines. Le marbre en est si puissamment travaillé, surtout dans le relief des muscles, et les caractères athlétiques (3) y sont si admirablement prédominants, qu'elle frappe particulièrement l'attention, surtout lorsque la statue est vue de dos.

Les deux bas-reliefs de *Phèdre et Hippolyte* sont des morceaux importants. Le second et le

(1) On sait que Phidias avait traité en bas-relief, sur l'une des faces du trône de son Jupiter Olympien, la mort des enfants de Niobé. Pline parle d'une Niobé mourante qui décorait le temple dédié à Apollon par Quintus Sosius, et l'attribuait à Scopas ou à Praxitèle : « Par hæsitatio est in templo Apollinis Sosiani, Nioben cum liberis morientem Scopas an Praxiteles fecerit (PLINE, liv. XXXVI, v). » — La fable de Niobé se retrouve sur des bas-reliefs découverts dans les ruines des anciens jardins de Salluste à Rome et sur une urne du cabinet Clémentin, décrite par Fabroni; enfin, le même sujet était sculpté en bas-reliefs sur la porte d'ivoire du temple d'Apollon qu'Auguste fit bâtir sur le mont Palatin (WINCKELMANN, t. II, t. 239).

(2) Ces lignes étaient écrites lorsque j'ai vu que je m'étais rencontré, dans mon admiration pour ce magnifique bas-relief, avec les savants archéologues de Rome. Voici, en effet, ce qu'on trouve dans le *Bulletin Archéologique* de Rome, sur « ce bas-relief sublime qui mérite d'être salué d'applaudissements » : « Con qual applauso doveva salutarsi il sublime basso relievo scoperto dal sig. marchese Campana a Venezia, che ritrae la strage de' Niobidi in un modo que ci fa scorgere i motivi introdotti in questo soggetto da Scopa stesso! » (E. BRAUN, *Bulletin Archéologique* de Rome, mai 1850, n° 5.)

(3) On retrouve cette même science anatomique, dont les anciens étaient si fiers, parce qu'ils y excellaient, dans le petit *Hercule ivre* de la Collection des Antiques du Musée de Parme. Ce chef-d'œuvre de bronze, d'environ un pied de haut, a été décrit avec autant de goût que de science par le Conservateur actuel, M. Michel Lopez.

plus important des deux peut se placer à côté de celui de Niobé, quoique dans un tout autre ordre d'effets. Le pathétique fait place à la ligne tranquille et pure : ici, tout le tableau devient une étude savante d'hommes, de femmes, de chevaux et de chiens. C'est sans doute la chasse au sanglier de Phlionte, dont Sénèque le tragique fait mention, sculptée sur un sarcophage.

L'écuyer qui tient le cheval d'Hippolyte est l'une des figures les plus remarquables du bas-relief par le grand style du dessin et la mâle beauté de l'anatomie. Hippolyte et ses compagnons, qui sont beaux comme des Antinoüs, les chevaux, qui sont vivants comme ceux de Phidias, les lévriers tenus en laisse, tout cela constitue un tableau digne du ciseau de ce grand maître, et la liberté savante du ciseau vient encore s'allier à la grandeur de la conception. Les deux bas-reliefs placés aux deux extrémités de ce sarcophage représentent, l'un Phèdre dans son manteau royal avec Énone et deux Amours, et l'autre la chute d'Hippolyte. Dans ce second tableau, l'aspect saisissant des chevaux qui se cabrent, le développement artistique de leurs mouvements et la beauté de leurs formes, l'enchevêtrement violent du groupe et le trouble des compagnons du héros, ont un caractère superbe d'idéalité, tout à la fois, et de réalité qui saisit d'admiration le spectateur. Ce morceau hors ligne, qu'il soit ou non une réplique, est d'une beauté telle qu'aucun Musée, peut-être, n'en peut présenter un plus parfait. Le ciseau des grands maîtres de la Grèce s'y fait sentir partout, et, sur ce point, la valeur incontestable de ce bas-relief autoriserait à prononcer le nom de Phidias, si l'histoire nous avait appris que Phidias eût sculpté des monuments funèbres. C'est, nous le croyons, une des plus nobles pages de la statuaire antique.

La tête du *Laocoon* est un véritable spécimen de l'art antique, qui fait regretter que le groupe entier n'ait pas pu être retrouvé en même temps. Tout a été dit sur l'œuvre collective des trois artistes de Rhodes Agésander, Polydore et Athénodore. Que ce groupe célèbre ait été transporté en Italie sous Vespasien, ou exécuté à Rome même sous Titus, il est certain qu'il demeure, dans l'art, aussi bien que le groupe des *Niobides*, comme l'expression la plus sublime à la fois et la plus touchante de la douleur humaine. La tête, dont je parle, offre, avec celle de la statue du Vatican, des différences d'inspiration qui excluent toute idée de copie et donnent la supériorité artistique à ce beau fragment.

Nous entrons maintenant dans le monde de la réalité et de l'histoire proprement dite (1). Quoique le premier personnage historique qui se présente à nous, celui d'Homère, soit, lui aussi, enveloppé des nuages de la fable, c'est assurément une étude intéressante à plus d'un titre. Les portraits des grands hommes, a dit Sénèque, sont des sujets d'émulation pour l'âme : « *Magnorum virorum imagines, incitamenta animi.* »

---

(1) On consultera avec fruit, pour la numismatique qui se rapporte à la période grecque et romaine, les divers *Mémoires* et *Catalogues* publiés par M. Adrien de Longpérier, membre de l'Institut, aujourd'hui conservateur des antiques au Musée du Louvre. L'érudition si étendue et si sûre du savant numismate est un précieux guide pour tout ce qui se rattache à l'antiquité par les médailles. Outre ces Mémoires, dispersés dans différents recueils spéciaux, M. de Longpérier a publié, en 1840, un volume in-4° sur les Sassanides, dans lequel on a trouvé, pour la première fois, l'iconographie de toute la dynastie (ouvrage couronné par l'Institut), et, en 1853, un volume in-4° sur l'iconographie des rois Arsacides.

On sait qu'Homère, qui vécut errant et misérable pendant sa vie, fut divinisé après sa mort. Cicéron, Strabon, Pline et Élien parlent des temples qui furent élevés à Homère par les Smyrnéens et par Ptolémée Philopator. Auprès de Smyrne, on bâtit le temple d'Homère : *Homerœum Templum.* Lucien mentionne un autre temple qui lui fut consacré (1). Une statue lui fut élevée à Argos : faite du temps de Socrate, elle existait encore à l'époque de Plutarque. On frappa à son effigie des médailles que Strabon appelle *monnaies homériennes,* et sur lesquelles son effigie était placée, sans son nom. Homère reçut, de plus, cet honneur extraordinaire que ses poëmes furent réunis par Lycurgue et qu'Alexandre le Grand (2) voulut aussi être son éditeur, et même son commentateur, si l'on en croit Strabon (3).

On est fort indécis sur l'authenticité des portraits d'Homère. Le passage fameux de Pline, adopté par Spanheim (4) et par Cuper (5), a été le point de départ d'un doute, qui a fait ensuite son chemin chez la plupart des critiques et des antiquaires. Pline avait dit que, « lorsque les traits d'un grand homme ne sont pas transmis par la tradition, on les invente, *comme cela est arrivé pour Homère* (6). »

Quoi qu'il en soit cependant de ce doute, ainsi que le fait remarquer Visconti (7), le sculpteur qui, le premier, a imaginé le portrait transmis à la postérité comme étant celui d'Homère, devait être profondément pénétré de son sujet. Cet admirable artiste a, en effet, imprimé sur ce front divin le caractère bien senti d'une triple majesté, — la sénilité, — la cécité, — le génie. Ces portraits, bien que variant quelquefois, se rapprochent presque toujours de ce beau type et de celui qu'offrent les médailles d'Amastris, qui, elles-mêmes, paraissent avoir été frappées d'après la statue d'Homère élevée auprès de Smyrne, dans le temple qui lui fut consacré. Le *strophium,* ou bandelette royale qui ceint habituellement sa tête et qu'on lui voit sur les médailles d'Amastris, lui donne le caractère de Prince des poëtes. C'est la bandelette de laine dont Platon, en exilant les poëtes de sa république, voulait néanmoins les couronner (8). Ce n'est que sur les médailles de Chios que l'on voit un Homère à la barbe pointue.

Pausanias paraît donner à Denys d'Argos cet Homère dont il parle, et qui figurait parmi les statues que Micythus, tuteur des enfants d'Anaxilas, tyran de Rhégium, consacra dans l'Altis d'Olympie, vers la soixante-seizième olympiade. On sait que Néron fit enlever un grand

---

(1) Lucien, *Encomium Demosthenis.*

(2) Visconti, *Iconogr. grecque,* t. I, p. 52.

(3) Strabon, liv. XIII, p. 594. — On trouvera, dans l'*Histoire de la critique chez les Grecs,* de M. Egger, sur Homère et les aèdes de son école, un savant chapitre intitulé : *Critique et interprétation des poëmes homériques. Premiers éditeurs d'Homère* (ch. II, p. 55).

(4) Spanheim, *De usu et præstantia numismat. antiq.,* t. I, p. 53.

(5) Cuper, *Apothéose d'Homère,* p. 25, t. II du Suppl. de Poleni aux Trésors de Grævius et de Gronovius.

(6) « Quin imo etiam qui non sunt finguntur, pariuntque desideria non traditi vultus, sicut in Homero evenit. » Liv. XXXV, § 2.

(7) Visconti, *Iconogr. grecque,* t. I, p. 53.

(8) Platon, *De Rep.,* liv. III.

nombre de ces statues et les envoya à Rome (1). Le buste d'Homère, qui est parvenu à la postérité, se trouvait sans doute parmi celles-là, et ses portraits ont pu se multiplier ainsi à l'infini avec les exemplaires de ses poésies immortelles. Il est à remarquer encore que Pausanias (2) parle ailleurs d'une statue en bronze d'Homère, placée sur un piédestal, ἐπὶ στήλῃ (3), dans le temple d'Apollon, à Delphes, avec quatre vers grecs, sous forme énigmatique, écrits au-dessous.

Le beau portrait que l'*Anthologie* contient d'Homère, et que Hugo Grotius a si élégamment traduit, se rapporte admirablement aux effigies qui nous sont parvenues du Roi des poëtes (4), comme l'appelle Pline (5).

Visconti, dans son *Iconographie grecque* (6), donne comme de beaux types d'Homère, le buste qui est gravé dans le Musée du Capitole et celui qui appartient au même Musée, avec un diadème et la tête ceinte d'un voile en signe d'apothéose. Il cite encore les médailles d'Amastris, celles d'Ios, ainsi qu'un médaillon du genre des *contorniates* (7). Le buste d'Homère qui est au Musée des Marbres à Naples m'a paru l'un des plus beaux : la tête est admirable d'expression, quoique l'usage trop marqué du trépan dans le travail indique déjà la décadence.

Les principales collections publiques de l'Europe possèdent de belles répliques des bustes traditionnels d'Homère. Celui de la collection Campana, choisi parmi les meilleurs, ne le cède en rien aux portraits les plus estimés du grand poëte. En général, dans l'examen que j'ai dû faire, en les comparant entre eux, des bustes d'Homère que j'ai vus à Paris, à Rome, à Naples, à Mantoue, j'ai été frappé de la ressemblance extraordinaire de ces bustes, surtout pour les parties osseuses du visage, avec celui de notre illustre Chateaubriand, le chantre d'Eudore et de Cymodocée, l'admirateur du sublime Aveugle.

Le buste d'*Hérodote*, sous forme d'hermès, offre ce caractère de noblesse qui en rend la

(1) « Ταῦτα ἔργα ἐστὶν Ἀργείου Διονυσίου..... Μίκυθος ἀνέθηκεν ἄλλα..... ποιητῶν δὲ Ὅμηρον καὶ Ἡσίοδον..... Νέρωνα δὲ ἀφελέσθαι φασὶ καὶ ταῦτα. » PAUSANIAS, *Élide*, liv. V, ch. XXVI.

(2) « Θεάσαιο δ' ἂν καὶ εἰκόνα Ὁμήρου χαλκῆν ἐπὶ στήλῃ. » PAUSANIAS, *Phocide*, ch. XXIV.

(3) On peut consulter, au sujet du mot στήλη, un passage de la dissertation de M. J. B. Rossignol, intitulée *De la Signature des OEuvres d'art chez les Anciens*, p. 172. Le même traité contient des recherches intéressantes sur la signature *Saura* et *Batracus*, et sur les deux formules d'inscriptions ἐποίει et ἐποίησε, si fréquentes dans les œuvres d'art de l'antiquité (Paris, Crapelet, 1850, in-8°).

(4) *Anthol. gr.*, liv. V, ép. LXI.

(5) PLINE, liv. VII, § XXXIV.

(6) VISCONTI, *Iconogr. grecque*, t. I, p. 58.

(7) Les médailles *contorniates*, appelées en Italie médailles *cotroni*, étaient des médaillons frappés, en général, dans le courant des quatrième et cinquième siècles de l'ère vulgaire, et qu'on distribuait, à Rome, à l'occasion des jeux du cirque ; ces médailles servirent même de contre-marques au théâtre. Le *Museum Cortonense* donne le prototype d'Alexandre d'après les médailles dites *cotroni*, « in numismatibus maximi moduli, vulgo *cotroni* dictis » (*Museum Cortonense*, p. 98, pl. 69, *Alexander Magnus, in corneola*). Visconti, dans une note du *Musée Clémentin* (t. VI, p. 53), les appelle « *medaglie contorniate* dette *cotroni*. » Enfin, Winckelmann, à propos des portraits de Sénèque, parle d'une de ces médailles « entourées d'un cercle, connues sous le nom de *crotoniati* ou *contorniati* » (WINCKELMANN, t. II, p. 420). Quoique les *contorniates* aient été frappés au temps de la décadence de l'art, ils sont très-précieux pour les portraits qu'ils donnent. Ainsi il y a, dans l'iconographie antique, des effigies de personnages importants, tels que *Sénèque* et *Salluste*, par exemple, dont l'authenticité repose sur des contorniates.

ressemblance incontestable. On possédait dans l'antiquité plusieurs images d'Hérodote, celle entre autres qui avait été transportée dans le gymnase de Zeuxippe à Constantinople et qui a fait le sujet de quelques vers de Christodore le Copte dans les *Analectes* de Brunck. L'inscription gravée sur l'hermès à deux faces de la collection du cardinal Fulvio Orsini, qui a passé plus tard aux Farnèse, offre les noms d'Hérodote et de Thucydide. Un hermès du même genre existe au Musée de Naples (1).

L'hermès à double face de *Sophocle* et d'*Aristophane* présente d'un côté le père de la tragédie, et de l'autre le père de la comédie. La physionomie de Sophocle était très-connue dans l'antiquité. Sa statue se voyait à Athènes, sous les portiques du Théâtre, au temps de Pausanias (2). On a découvert en 1778, à Rome, un petit buste du grand tragique, avec son nom au bas. Quant à Aristophane, ses bustes sont beaucoup moins communs, ce qui donne un prix particulier au double hermès du Musée Campana.

La *Sapho* attire naturellement l'attention, dans le Musée, autant par sa célébrité que par la rareté de ses effigies. Silanion, sculpteur grec, contemporain de Lysippe, est connu pour avoir exécuté une statue de Sapho, qui fut enlevée du Prytanée de Syracuse par Verrès (3).

Le Fèvre cite une médaille autonome de Mytilène, en argent, grand module, provenant des Farnèse, qui reproduit l'effigie de Sapho avec l'inscription ΜΥΤΙΛ. Visconti en a publié une avec la même inscription; le type est une lyre (4); Sapho y est coiffée d'une étoffe dite *mitra*, en grec καλύπτρα ou κρήδεμνον; Bellori en mentionne deux autres, avec cette inscription : ΣΑΠΦΩ ΕΡΕΣΙΑ; mais celle-ci se rapporte évidemment, comme le buste du Capitole qui offre la même inscription, à la célèbre courtisane d'Érèse, qui porta le même nom que Sapho, faisait des vers comme elle, et fut confondue, notamment par Suidas, avec l'illustre contemporaine d'Anacréon et d'Alcée.

Si l'on s'en rapporte à ces témoignages divers, la tradition semble être que la *Dixième Muse* ne fut pas jolie et qu'elle eut plus de talent que de beauté. C'est elle-même qui, par la bouche d'Ovide, dans la quinzième Héroïde, nous fait de tristes confidences à ce sujet. Elle nous apprend « qu'elle était petite; qu'elle n'avait pas le teint blanc, » et parle « des disgrâces de sa personne, » sans doute pour relever « l'éclat de son génie et le charme de ses caresses. » Elle s'adresse à Phaon, et le prie de considérer « qu'Andromède, quoiqu'elle eût le visage basané, plût à Persée; que,

---

(1) Il porte les deux noms, et l'un des auteurs du texte du Musée de Naples, M. Finati, fait remarquer que le nom d'Hérodote est donné, sans doute avec une faute de copiste, sous cette forme : ΗΡΦΟΛΟΤΟΖ. (*Museo Borbonico*, t. II, pl. 27.)

(2) « Εἰσὶ δὲ Ἀθηναίοις εἰκόνες ἐν τῷ θεάτρῳ καὶ τραγῳδίας καὶ κωμῳδίας ποιητῶν ὅτι μὴ γὰρ Εὐριπίδης καὶ Σοφοκλῆς. » (PAUSANIAS, *Attique*, ch. XXI.)

(3) M. Brunet de Presle, dans son savant ouvrage sur la Sicile, rappelle, d'après Cicéron (*Verrines*, IV, 2), que de cette admirable statue de Sapho, exécutée par Silanion, Verrès ne laissa à Syracuse que la base et l'inscription qui était gravée sur un marbre de Paros. (BRUNET DE PRESLE, *Établ. des Grecs en Sicile*, III° part., p. 601, § XXXVI.)

(4) Comme les monnaies d'Homère, celles que les Mytiléniens frappèrent en l'honneur de Sapho ne portaient que son portrait sans son nom. (Voy. VISCONTI, *Icon. gr.*, t. I, p. 72.)

d'ailleurs, les blanches colombes s'unissent à des oiseaux de diverses couleurs, et qu'enfin on a vu le noir tourtereau aimé par un oiseau vert (1), » etc.

Le portrait de Sapho a été tracé par Damocharis (2), poëte qui vécut à Constantinople. Cette description fut faite sans doute d'après une ancienne statue de Sapho, placée dans les thermes de Zeuxippe et dont Christodore a parlé. Elle n'y est pas aussi maltraitée que dans Ovide. « *Elle avait*, dit-il, *une peau très-unie sans le secours de l'art, et elle était d'un embonpoint ordinaire.* »

Notre buste de Sapho, trouvé auprès des thermes de Caracalla, offre aux connaisseurs plus d'un genre d'intérêt, auquel les détails donnés par Ovide ne peuvent qu'ajouter encore.

Il est impossible de passer, sans en parler, devant ce *Socrate*, statue en pied, exemplaire peut-être unique de la personne du grand philosophe. Le souvenir ne peut s'empêcher de se reporter au tableau de David. La figure coïncide ici, d'une manière extraordinaire, avec celle qui tient toute la scène dans la toile célèbre du grand peintre. Les anciens, notamment Platon (3) et Xénophon (4), nous ont appris que Socrate « ressemblait à Silène. » Sidoine Apollinaire dit « qu'il avait la chevelure toute blanche, *coma candente.* » Xénophon rapporte « qu'il avait les yeux à fleur de tête, grands, profonds et perçants, un nez large et camard. » On sait, d'après Diogène-Laerce, que la statue de Socrate, exécutée par Lysippe, se voyait à Athènes, dans le *Pompéion*, édifice d'où partaient les processions des Panathénées ; qu'elle était en airain, et non en or, comme le rapporte Tertullien : il faut évidemment lire *æneam* et non *auream* dans le passage dont il s'agit. Cette statue de Lysippe a été sans doute le prototype du philosophe célèbre, d'après lequel furent modelés les bustes qui nous sont parvenus.

Nous sommes en présence de Démosthènes.

Polyeucte, sculpteur grec, fut chargé d'exécuter la statue que les Athéniens élevèrent, après sa mort, au grand orateur, sur la place publique de leur ville (5). Visconti dit qu'elle fut jetée en bronze, dans la première année de la cent vingt-cinquième olympiade, sous l'archontat de Gorgias, l'an 280 avant J.-C. C'est probablement d'après cet original que furent reproduits, pour les traits du visage, les portraits du grand orateur mentionnés par les anciens, et entre

---

(1)
    Si mihi difficilis *formam* natura *negavit*,
      Ingenio *formæ damna* rependo meæ.
    Sum brevis : at nomen, quod terras impleat omnes,
      Est mihi; mensuram nominis ipsa fero.
    Candida si non sum, placuit Cepheia Perseo
      Andromede, patriæ *fusca* colore suæ.
    Et variis albæ junguntur sæpe columbæ,
      Et niger a viridi turtur amatur ave, *etc.*
                        (Ovide, *Heroid.* XV.)

(2) « Αὐτομάτως ὁμαλή τε καὶ οὐ περίεργα λιπῶσα. » *Analecta, Epig. IV*, t. III, p. 70.

(3) Platon, *In Theœteto et in Convivio*, p. 883.

(4) Xenophon, *In Sympos.*

(5) « Κεῖται δὲ εἰκὼν πλησίον τοῦ περισχοινίσματος καὶ τοῦ βωμοῦ τῶν δώδεκα Θεῶν, ὑπὸ Πολυεύκτου πεποιημένη. » (Pseudo-Plutarque, p. 266, t. IV, cité par Sillig, au nom de *Polyeucte, Catal. artif.*, p. 847.)

autres le petit buste en bronze que Cicéron dit avoir vu chez Brutus (1). On ne connaît positivement de la statue de Polyeucte qu'une copie, c'est celle qu'on voyait encore au cinquième siècle, à Constantinople, sous le Portique de Zeuxippe (2).

Le *Démosthènes* du Musée Campana, trouvé à Tusculum (3), est assis : il tient d'une main un papyrus, et de l'autre il s'appuie sur son siége. Il se rapproche beaucoup pour la pose et les accessoires de celui qui porte au Louvre le nom du grand orateur (4).

Je sais que quelques archéologues, de passage en Italie, ont émis cette opinion que « si l'on ne savait pas que le Démosthènes de Polyeucte était de bronze, on serait tenté de le retrouver dans le marbre du Musée Campana. » Il m'a été impossible de me ranger à cet avis, quelque crédit qu'il emprunte d'ailleurs aux travaux d'archéologues d'un grand mérite relatifs aux statues de Démosthènes existant de nos jours, et voici pourquoi. Le Démosthènes qui nous occupe, fût-il de bronze, ne saurait être celui de Polyeucte, par la raison très-simple que l'histoire nous a conservé le souvenir de la pose même du Démosthènes de Polyeucte, laquelle est caractéristique et entièrement différente. Christodore (5) a parlé de cette statue, et Plutarque (6) dit expressément « qu'elle avait les mains jointes et les doigts enlacés les uns dans les autres. » Plutarque, dans la vie de Démosthènes, raconte même à ce sujet l'aventure d'un soldat qui avait déposé de l'argent dans les mains de la statue, et qui, s'étant absenté d'Athènes, avait, quelque temps après, retrouvé son dépôt intact. La pose est donc, à n'en pas douter, tout à fait dissemblable dans les deux statues. C'est pour ce motif, qui me semble péremptoire, que j'ai dû reconnaître dans le *Démoshènes* du Musée Campana une œuvre de marbre sans doute originale, et non pas une simple copie de la statue de bronze de Polyeucte, ce qui donne à la statue non-seulement une attribution précise et juste, mais encore un prix particulier, puisqu'elle peut être considérée, jusqu'à nouvel ordre, comme un marbre original. J'ai donc cru qu'il était de mon devoir de déduire mes raisons pour combattre une erreur malheureusement autorisée par des archéologues de premier ordre.

(1) Cicéron, *Orat.* — Visconti a fait observer que chez Démosthènes la lèvre inférieure, *qui rentre,* dénotait une difficulté naturelle à s'exprimer. Il est remarquable, dit-il à ce sujet, que Michel-Ange, qui ne connaissait pas les bustes de Démosthènes, ait donné la même conformation à la lèvre inférieure de son *Moïse.*

(2) En citant pour des *copies* du *Démosthènes* de Polyeucte les différentes statues, connues aujourd'hui, du grand orateur, telles que celle du duc de Dorset et plusieurs autres existant de nos jours, Émeric David a laissé échapper une erreur. Ce qui a causé la méprise du savant antiquaire, qui est d'ordinaire si soigneux dans ses recherches et si prudent dans ses appréciations, c'est qu'il n'a pas pris le soin, comme nous l'avons fait, de recourir au passage de Plutarque, dont les termes ne laissent aucun doute à ce sujet. (Ém. David, *Classem. chron. des sculpt. grecs,* p. 56.)

(3) Je dois faire remarquer, en passant, combien la collection Campana possède de statues trouvées à Tusculum. Nous y comptons, entre autres, deux Muses, *Polymnie* et *Clio,* la tête du *Laocoon,* des historiens, des philosophes et des orateurs, *Hérodote, Socrate, Démosthènes, Sénèque* et *Brutus.* Ne serait-il pas permis de conjecturer que ces statues servaient à orner les salles et les jardins de la villa de Cicéron ?

(4) *Descript. du Mus. des ant. du Louvre,* n° 92, p. 45.

(5) *Anth. grecque,* liv. V, ép. III.

(6) « Στρατιώτης ἐπὶ κρίσιν τινὰ καλούμενος ὑφ' ἡγεμόνος ὅσον εἶχε χρυσίδιον εἰς τὰς χεῖρας ἀνέθηκε τοῦ ἀνδριάντος · ἕστηκε δὲ τοὺς δακτύλους συνέχων δι' ἀλλήλων καὶ παραπέφυκεν οὐ μεγάλη πλάτανος. Ἀπὸ ταύτης πολλὰ τῶν φύλλων, εἴτε πνεύματος ἐκ τύχης καταβαλόντος, εἴτ' αὐτὸς οὕτως ὁ θεὶς ἐκάλυψε, περικείμενα καὶ συμπεσόντα λαθεῖν ἐποίησε τὸ χρυσίον οὐκ ὀλίγον χρόνον. Ὡς δ' ὁ ἄνθρωπος ἐπανελθὼν ἀνεῦρε..... » Plutarque, *Vie de Démosthènes,* § XXXI.

L'*Alexandre* est un des bustes les plus rares dans l'histoire des arts. L'hermès célèbre qui est au Louvre porte gravée au haut de sa gaîne l'inscription grecque :

ΑΛΕΞΑΝΔΡΟΣ
ΦΙΛΙΠΠΟΥ
ΜΑΚΕ

Cet hermès est devenu le portrait-type d'Alexandre, comme le buste de bronze de Pompéi qui porte sur la poitrine le mot ΔΗΜΟCΘΕΝΗC est réputé aussi pour être l'image incontestable du grand orateur (1).

On sait qu'Alexandre ne permit qu'à Lysippe, à Apelles et à Pyrgotèle de sculpter, de peindre et de graver son portrait (2). On a dit que ce privilége ne fut pas maintenu, par la suite, pour les sculpteurs qui le représentaient en marbre. Visconti attribuait à Pyrgotèle le camée qui a été publié dans l'*Iconographie grecque*, et qui appartenait à l'impératrice Joséphine. La statue d'Alexandre était consacrée, dans le temple de Jupiter, à Dium. Lysippe l'avait modelé traversant le Granique à cheval. Le fragment colossal du Musée Campana rappelle le ciseau de Lysippe par la haute inspiration qui a su rendre si merveilleusement toutes les passions peintes sur ce noble visage. C'est bien là le portrait du héros admirateur d'Homère et qui, en tolérant la destruction de Thèbes, sut épargner la maison de Pindare. Cette tête penchée vers l'épaule gauche, ce regard, cette attitude de lion, cette chevelure olympienne qui convenait si bien à celui qui se disait fils de Jupiter (3); tout concourt à donner à ce beau portrait le double intérêt qui s'attache, à la fois, à une œuvre d'art et au nom du grand homme qu'elle reproduit.

Mais, voici les deux rivaux, voici Marius et Sylla, deux statues en pied qu'il n'est pas ordinaire de rencontrer dans les musées.

Les statues de Marius ne furent jamais communes, même dans l'antiquité. On sait seulement que César, au rapport de Suétone, fit paraître dans le convoi funèbre de sa tante Julie, veuve de Marius, l'image de ce chef. Le public, dit Plutarque, la revit ainsi pour la première fois depuis la victoire de Sylla. Postérieurement à la défaite de Pompée à Pharsale, on rétablit de nouveau les monuments rappelant les trophées de Marius, dont le parti s'était rangé du côté de César.

---

(1) *Antichità d' Ercolano, Bronzi*, t. I, pl. 11. — Vinckelmann a édité (*Histoire de l'Art*, t. II, liv. VI, ch. III) un bas-relief représentant *Démosthènes réfugié à l'autel de Calaurée*. Le savant archéologue a fait remarquer que la forme des lettres de l'inscription que voici indique une époque plus ancienne que celle du bronze d'Herculanum :

ΔΗΜΩΣΘΕΝΕΣ
ΕΠΙΒΩΜΙΟΣ

(2) « Hic imperator edixit, ne quis se ipsum alius quam Apelles pingeret, quam Pyrgoteles sculperet, quam Lysippus ex ære duceret » (PLINE, liv. VII, ch. XXXVII).

Edicto vetuit ne quis se, præter Apellem,
Pingeret, aut alius Lysippo duceret æra
Fortis Alexandri vultum simulantia.   (HORACE, liv. II, ép. 1).

(3) PLUTARQUE, *Vie d'Alexandre*, § VI. — ÉLIEN, liv. XII, ch. XIV.

Plutarque cite la statue de marbre de Marius qu'il vit à Ravenne. « Pour ce qui est, dit-il, de l'air et de la figure de Marius, nous avons vu, de lui, à Ravenne, dans les Gaules, une statue de marbre qui rend parfaitement tout ce qu'on rapporte de la sévérité et de la rudesse de son caractère (1). » Cette circonstance démontre que les images de Marius n'étaient pas nombreuses à cette époque; on voit cependant des portraits plus ou moins authentiques de Marius dans les recueils iconographiques (2). « Il était, dit Velleius Paterculus, âpre et tout hérissé de poils : «*Hirtus atque horridus.* » Winckelmann conteste avec vivacité toutes les images de Marius connues de son temps. Il révoque en doute l'authenticité de la statue de Marius que Bottari donne dans le tome quatrième du *Musée du Capitole,* aussi bien que le buste fameux de la collection Barberini Sciarra, celui de la villa Ludovisi, et la statue de la villa Négroni (3). Visconti cite, comme monument unique, le portrait qu'il donne de Marius, gravé sur une pâte antique de verre, sous le nº 3, planche ɪᴠ, de son *Iconographie romaine.* L'inscription porte C. MARIUS. VII. COS. — *Caius Marius, Septies Consul.* Visconti ajoute que le peu de barbe qu'on voit à l'extrémité des joues, et la chevelure qui couvre une partie du front, donnent à cette physionomie une expression austère qui convient très-bien au caractère connu de Marius.

Cette précieuse statue de Marius a été trouvée dans les fouilles d'Otricoli, sous Pie VI, qui en fit présent à l'aïeul de M. le marquis Campana.

A l'encontre des statues de Marius, celles de *Sylla* n'étaient pas rares dans l'antiquité. Plutarque en avait vu plusieurs, outre la statue équestre qu'on lui avait élevée, la première de ce genre qui, jusques à l'époque de sa dictature, eût été décernée à un Romain vivant.

Après la bataille de Pharsale, quelques-unes de ses statues avaient été abattues; mais César les fit relever (4). Visconti estime qu'on ne peut regarder comme des portraits authentiques de Sylla les effigies, même les plus célèbres, du dictateur (5), telles que le buste de la collection Barberini, quoiqu'il soit passé à l'état de prototype, et le buste de bronze trouvé à Herculanum. Le savant iconographe n'admettait comme de bons types que les monnaies d'argent frappées par son petit-fils Quintus Pompeius Rufus.

Plutarque rapporte qu'en voyant les statues du dictateur, on ne pouvait se former aucune idée de l'air terrible que lui donnaient son teint couperosé et l'éclat de ses yeux jaunâtres. « Sylla avait, dit-il, les yeux d'un bleu glauque, perçants et rudes. Son visage était tout bourgeonné de boutons rouges parsemés de blanc. C'est à ce sujet qu'un plaisant d'Athènes fit le vers

<hr>

(1) « Τῆς δὲ ὄψεως τῆς Μαρίου λιθίνην εἰκόνα κειμένην ἐν Ῥαβέννῃ τῇ Γαλατίας ἐθεώμεθα πάνυ τῇ λεγομένῃ περὶ τὸ ἦθος στρυφνότητι καὶ πικρίᾳ πρέπουσαν. » PLUT., *Vie de Caius Marius,* § ɪɪ.

(2) Lᴇ Fèᴠʀᴇ, *Imagines ex Biblioth. Fulvi Ursini,* nº 88. — Tᴇᴛɪᴜs, *Ædes Barberinæ,* p. 201. — Gʀᴏɴᴏᴠɪᴜs, *Thes. antiq. grec.,* t. III. — Dᴇ ʟᴀ Cʜᴀᴜssᴇ, *Cab. Rom.,* t. II, lect. 11, pl. 57, 1746. — Bᴏᴛᴛᴀʀɪ, *Mus. Capit.,* t. III, pl. 50. — *Mus. Florent.,* pl. 82.

(3) Wɪɴᴄᴋᴇʟᴍᴀɴɴ, *Hist. de l'art chez les anciens,* t. II, p. 6.

(4) Sᴜéᴛᴏɴᴇ, *César,* ch. ʟxxᴠ. — Pʟᴜᴛᴀʀϙᴜᴇ, *César,* § 734. — Dɪᴏɴ. Cᴀssɪᴜs, liv. XLIII, § 49.

(5) Tᴇᴛɪᴜs, *Ædes Barbarinæ,* p. 199. — *Bronzi d'Ercolano,* t. I, pl. 41 et 42. — Dᴇ ʟᴀ Cʜᴀᴜssᴇ, *Mus. rom.,* section 2, pl. 41. — Mᴏʀᴇʟʟɪᴜs, *Thes. famil. Cornelia,* pl. 4, p. 7. — *Iconographie grecque,* pl. 6. — *Mus. Clém.,* t. III, pl. 15 et 16. — *Mus. Florent.,* t. III, pl. 82.

suivant : « Une mûre saupoudrée de farine, voilà ce que c'est que Sylla (1). » Le *Sylla* du Musée Campana, plus grand que le *Marius*, reproduit à merveille, on peut le dire, le type de ce dictateur terrible, qui a joué dans l'histoire romaine l'un des plus grands rôles, car il a frayé à César le chemin qui mène au pouvoir, en montrant à la Rome républicaine qu'elle pouvait être domptée et disciplinée malgré toutes ses factions. « Ses ennemis eux-mêmes, dit Sénèque, avouèrent qu'il avait pris justement les armes contre l'anarchie (2). »

M. Mérimée, dans son éloquent *Essai sur la Guerre Sociale*, a tracé de Sylla un portrait dessiné de main de maître, comme tout ce qui sort de cette plume qui peut tout ce qu'elle veut. On y lit ces lignes : « *Cet homme extraordinaire avait une épouvantable logique. Tous ses efforts furent inspirés par une pensée unique : il voulait le rétablissement de l'ancienne république aristocratique, qui avait fait tant de grandes choses, mais qui était devenue comme une institution de l'âge d'or, admirée de tous et réputée applicable seulement aux races héroïques (3).* » La statue de Sylla, dans le Musée Campana, est une de celles qui produisent le plus d'effet sur le spectateur.

C'est à peine si le visiteur peut s'arrêter quelques instants devant ces deux statues, pourtant si curieuses, de Marius et de Sylla. Une autre est là qui vous sollicite comme un spectre et semble vous attirer malgré vous. Quel est ce visage sinistre, au front bas et couvert, comme celui d'un paysan breton, à la lèvre serrée, aux oreilles écartées? C'est *Brutus*, c'est le meurtrier de César. Quel précieux marbre que cette magnifique statue! Et quel enseignement dans l'examen de ce masque, mélange de force et de faiblesse! La courbe du menton révèle bien dans l'homme la résolution nécessaire pour exécuter son crime, ce crime trois fois odieux, puisqu'il frappait un souverain glorieux, un homme de génie et un père peut-être; mais l'étroitesse du crâne indique, en même temps, que cette tête sera impuissante à gouverner à la place de celui qui vient de mourir... Et cependant (ô bizarrerie de l'esprit humain! ô passions politiques!) ce même Brutus était un rhéteur éloquent, le lecteur assidu de Polybe, le correspondant d'Atticus et de Cicéron, familier avec Euripide et Homère. « Les conjurés agirent, dit Cicéron, comme des hommes, et gouvernèrent comme des enfants (4). » — « Brutus, dit Sénèque, me paraît s'être trompé profondément sous plusieurs points de vue, pour avoir, par exemple, redouté le nom de roi, lorsqu'il est prouvé que le meilleur gouvernement est celui d'un roi juste; pour avoir ensuite cru au rétablissement de l'ancienne forme, lorsque les anciennes mœurs n'existaient plus; pour s'être cru enfin le restaurateur de la liberté et de l'égalité, lorsqu'il avait vu tant de milliers d'hommes combattre, non pas pour la

---

(1) « Τοῦ δὲ σώματος αὐτοῦ τὸ μὲν ἄλλο εἶδος ἐπὶ τῶν ἀνδριάντων φαίνεται, τὴν δὲ τῶν ὀμμάτων γλαυκότητα δεινῶς καὶ πικρὰν καὶ ἄκρατον οὖσαν ἡ χρόα τοῦ προσώπου φοβερωτέραν ἐποίει προσιδεῖν. Ἐξήνθει γὰρ τὸ ἐρύθημα τραχὺ καὶ σποράδην καταμεμιγμένον τῇ λευκότητι· πρὸς ὃ καὶ τοὔνομα λέγουσιν αὐτῷ γενέσθαι τῆς χρόας ἐπίθετον, καὶ τῶν Ἀθήνῃσι γεφυριστῶν ἐπέσκωψέ τις εἰς τοῦτο ποιήσας·

          » Συκάμινον ἔσθ' ὁ Σύλλας, ἀλφίτῳ πεπασμένον. »   (PLUTARQUE, *Vie de Sylla*, ch. II.)

(2) « Etiam inimici fatebuntur benè illum arma sumpsisse. » SÉNÈQUE, *De consolatione ad Marciam*, c. XII.

(3) MÉRIMÉE, *Essai sur la Guerre Sociale*, p. 324.

(4) « Acta enim illa res est animo virili, consilio puerili. » CICÉRON, *Ad Attic.*, XIV, 21.

liberté, mais pour le choix d'un maître. Comment pouvait-il avoir oublié la nature humaine et l'état de son pays (1), à ce point de s'imaginer que, César disparu, il n'aurait pas de successeur? Ignorait-il que Tarquin n'avait pas reculé devant le trône, après tant de rois morts par le fer ou par la foudre? » — « Il arriva, dit Montesquieu, ce qu'on n'avait jamais vu, qu'il n'y eut plus de tyran et qu'il n'y eut pas de liberté. »

On sait qu'Auguste, âgé de dix-neuf ans, ressaisit le sceptre du monde par le droit du génie. Plutarque raconte « que le peuple romain se souleva de dégoût contre *les conjurés*, réfugiés au Capitole, auxquels il fit voir que le meurtre de César *ne lui était pas agréable*. Cornélius Cinna, qui voulait haranguer la foule, ayant commencé par accuser César, le peuple entra dans une telle fureur et *proféra contre lui tant de cris injurieux*, que les conjurés furent obligés de se cacher, *pour une seconde fois*, au Capitole... *les* uns crièrent qu'il fallait exterminer *ces parricides...*, les autres accoururent, et, s'emparant de tisons ardents, s'élancèrent du côté des maisons des conjurés, *pour y mettre le feu* (2). » Je n'insisterai pas davantage sur ce point. Cette page de l'histoire romaine, écrite en général avec tant de passion et si peu de justice, a été tout récemment l'objet d'un travail plein d'éclat, d'érudition et de justesse, qui restera comme l'arrêt même de l'histoire. Je veux parler du beau travail de M. Troplong sur la *Chute de la République romaine* (3). C'est là que le lecteur de bonne foi trouvera les véritables portraits de César et de Brutus, qui l'aideront à comprendre les marbres si caractéristiques de l'antiquité. L'illustre écrivain a rendu un éminent service à la moralité de l'histoire en replaçant sous son vrai jour ce Brutus, « caractère faible sous un maintien composé, » et il a noblement vengé César des sophismes calculés des rhéteurs, des esprits faux et des énergumènes, qui, même de nos jours, ont si peu compris son histoire.

Les effigies de Brutus sont très-rares; mais on pourrait les croire plus rares encore qu'elles ne le sont. On pourrait supposer, par exemple, qu'après sa défaite et sa mort, ses portraits furent détruits et disparurent avec lui : il n'en est rien pourtant. On a d'abord de Brutus des monnaies d'or qui nous sont restées (4) et qui portent cette légende : M. BRVTVS IMP. — *Marcus Brutus Imperator*. Tacite nous apprend ensuite, par le discours qu'il place dans la bouche de Cremutius Cordus, au quatrième livre des *Annales*, que « Brutus était connu par ses images, *le vainqueur ne les ayant même pas détruites* (5). » En effet, on peut voir dans Plutarque qu'une statue de Brutus, en bronze, élevée sur la place publique de Milan, y existait encore au temps d'Auguste, qui, l'ayant remarquée, ne la fit point abattre. Plutarque raconte même, à ce sujet, que, quelque temps après la mort de Brutus, Auguste, voyant cette statue de bronze, qui était parfaitement ressemblante et d'un travail excellent, passa outre, et qu'ensuite, s'étant

(1) Sénèque, *De Beneficiis*, II, 20.
(2) Plutarque, *Vie de Brutus*, p. 18 et 20.
(3) M. Troplong, *Chute de la République Romaine* (*Revue Contemporaine*, déc. 1855).
(4) Visconti, *Iconogr. rom.*, t. I, p.144.
(5) « Brutus et Cassius.... imaginibus suis noscuntur quas ne victor quidem abolevit. » Tacite, *Ann.*, liv. IV, ch. XXXIV et XXXV.

arrêté quelques instants, il appela les magistrats de la ville et leur dit : « Vous avez violé le » traité fait entre nous, puisque vous recélez dans vos murs l'un de mes ennemis. » Ceux-ci, comme on peut le penser, nièrent le fait, et, ne sachant de qui il voulait parler, ils se regardèrent avec étonnement. Auguste, se retournant alors vers la statue et prenant un visage sérieux, leur dit : « N'est-ce pas là mon ennemi que vous avez placé au milieu de votre ville? » Les magistrats interdits gardaient le silence; mais Auguste, souriant aussitôt, complimenta les Gaulois « de ce qu'ils étaient fidèles à leurs amis, même dans leurs revers », et il ordonna que la statue restât où elle était (1). Nous savons par Appien (2), que ce même prince pardonna à l'un des partisans de Brutus, qui, ayant reçu des bienfaits de ce dernier, en conservait l'image chez lui. Brutus, dit Plutarque, était pâle et maigre. C'est cette physionomie qui, jointe à ses discours exaltés (3), faisait dire à César : « Ce ne sont pas ces hommes gras et chevelus, en parlant d'Antoine et de Dolabella, qui me donneront à faire; ce sont ces pâles et ces maigres, en indiquant Brutus et Cassius (4). »

Cette statue de Brutus, dont on comprend toute l'importance, est représentée dans l'attitude et avec l'habillement que les Romains donnaient au succès heureux (*Bonus Eventus*), ainsi qu'on peut le voir dans une autre statue, celle d'Ælius Vérus, parmi les marbres impériaux du Musée Campana. Les statues, dans ce cas, sont nues par le haut et par le bas, ce qui permet d'admirer le modelé du torse et l'anatomie correcte des jambes et des genoux.

Est-il nécessaire maintenant de faire remarquer toute la beauté mâle de cette statue, qui est un chef-d'œuvre vivant et parlant? C'est l'art du portrait historique élevé à sa plus haute puissance. Une telle statue vaut un passage des *Annales*; c'est du Tacite en marbre.

La numismatique et la glyptique ne possédaient qu'un type imparfait de la figure de *Pompée*, de l'adversaire malheureux de César. « Pompée, dit Plutarque, joignait à une physionomie aimable une gravité tempérée par la bonté. On voyait éclater, à travers la fleur même de sa jeunesse, la majesté de l'âge mûr et des manières toutes royales. Ses cheveux un peu relevés, ses regards doux et vifs donnaient à sa physionomie une ressemblance, moins réelle pourtant qu'on ne le disait, avec les portraits du grand Alexandre. Aussi, quelques-uns, pour le railler,

---

(1) « Ἕστηκε δὲ χαλκοῦς ἀνδριὰς ἐν Μεδιολάνῳ τῆς ἐντὸς Ἄλπεων Γαλατίας. Τοῦτον ὕστερον ἰδὼν ὁ Καῖσαρ εἰκονικὸν ὄντα καὶ χαριέντως εἰργασμένον παρῆλθει · εἶτ' ἐπιστὰς μετὰ μικρὸν, ἀκροωμένων πολλῶν, τοὺς ἄρχοντας ἐκάλει φάσκων ἔκσπονδον αὐτῶν τὴν πόλιν εἰληφέναι πολέμιον ἔχουσαν παρ' αὐτῇ. Τὸ μὲν οὖν πρῶτον, ὡς εἰκὸς, ἠρνοῦντο καὶ τίνα λέγοι διαποροῦντες εἰς ἀλλήλους ἀπέβλεψαν. Ὡς δ' ἐπιστρέψας ὁ Καῖσαρ πρὸς τὸν ἀνδριάντα καὶ συναγαγὼν τὸ πρόσωπον · « Ἀλλ' οὐχ οὗτος, ἔφη, πολέμιος ὢν ἡμέτερος ἐνταῦθα ἕστηκεν ; » ἔτι μᾶλλον καταπλαγέντες ἐσιώπησαν. Ὁ δὲ μειδιάσας ἐπήνεσέ τε τοὺς Γαλάτας, ὡς τοῖς φίλοις καὶ παρὰ τὰς τύχας βεβαίους ὄντας, καὶ τὸν ἀνδριάντα κατὰ χώραν μένειν ἐκέλευσεν. » (PLUTARQUE, *Parallèle de Dion et de Brutus*, ch. v.)

(2) APPIEN, *De Bell. civil.*, liv. IV, § LI.

(3) Brutus s'était exercé au barreau : il exposa un jour, dans un plaidoyer pour la défense de Milon qu'il ne craignit pas de publier, quoiqu'il n'eût pas osé le prononcer, « qu'il était permis à un citoyen d'en tuer un autre, lorsque ce meurtre était utile à l'État. » Voy. *Asconius Pedianus*, dans l'argument du *Pro Milone*, de Cicéron (*Commentaires sur les Miloniennes*).

(4) « Καὶ πρῶτον μὲν Ἀντωνίου καὶ Δολοβέλλα λεγομένων νεωτερίζειν, οὐκ ἔφη τοὺς παχεῖς καὶ κομήτας ἐνοχλεῖν, ἀλλὰ τοὺς ὠχροὺς καὶ ἰσχνοὺς ἐκείνους, Βροῦτον λέγων καὶ Κάσσιον. » PLUTARQUE, *Vie de Brutus*, § VIII.

se mirent-ils à l'appeler Alexandre; Pompée était loin de s'en fâcher (1). » C'est donc un monument précieux pour l'histoire et pour l'iconographie que le buste du Musée Campana, qui manque à la plupart des Musées; mais il est à remarquer qu'il représente Pompée la tête moins fournie de cheveux et dans un âge assez avancé.

Le buste de *Sextus Pompée*, son fils, est très-curieux par le petit bas-relief qui le rattache au piédouche, et sur lequel on voit la proue d'un vaisseau romain présentant la tête de l'un des Castors, couverte du *pileum* en forme d'œuf et ornée d'une couronne radiée, attributs qui se rapportent aux succès de Sextus Pompée sur mer.

Je me rappellerai longtemps l'impression que je ressentis, lorsque je fus introduit, pour la première fois, par M. le marquis Campana lui-même dans la partie de son Musée qui renferme les Empereurs Romains. En voyant autour de moi, comme un aréopage illustre et vivant, ces hautes figures impériales, et parmi elles les meilleures : les César, les Auguste, les Germanicus, les Titus, les Trajan, les Antonin le Pieux, les Marc Aurèle, il me sembla que ces grands hommes allaient, comme la statue du père de *Hamlet,* sur la plate-forme du château d'Elseneur, descendre de leur piédestal, s'accouder à quelque sarcophage antique et me parler; il me semblait déjà entendre ce doux Germanicus murmurer auprès de sa femme Agrippine le discours éloquent que Tacite place dans sa bouche, au second livre des *Annales* : « Si ma mort était naturelle, j'aurais encore à me plaindre de mourir si jeune (2). » C'est que toutes ces figures vivent, regardent; il semble qu'elles vont marcher et parler, tant elles sont frappées, pour la plupart, au coin d'une vérité saisissante et d'une majesté souveraine.

Parmi ces grands hommes, César est un de ceux sur lesquels l'attention s'arrête le plus volontiers, quoique ses effigies soient bien connues. Ici, il est en simple citoyen, en toge, dans ce vêtement particulier au Romain et qu'Auguste aimait à voir porter par ceux qui l'entouraient. On sait qu'apercevant un jour, dans une assemblée, de jeunes efféminés qui s'étaient vêtus autrement, il dit avec ironie, en les montrant du doigt comme des Romains dégénérés, et en citant le vers de Virgile : *Les voilà, ces Romains, ces dominateurs universels, la nation qui porte la toge !*

Romanos, rerum dominos, gentemque togatam.

Le *César* du Musée Campana a le même vêtement et la même attitude que l'*Auguste* du Vatican (3).

César avait, dit Suétone, « une stature élevée, le teint blanc, les membres bien faits, le visage assez plein, les yeux noirs et vifs (4). » L'historien ajoute : « qu'il prenait un si grand soin de sa personne, que non-seulement il faisait couper ses cheveux symétriquement et se

---

(1) PLUTARQUE, *Vie de Pompée*, § II.

(2) « Si fato concederem, justus mihi dolor etiam adversus Deos esset, quod me Di præmaturo exitu raperent, » etc. TACITE, *Ann.*, liv. II, ch. 71.

(3) *Mus. Clém.*, t. VI, p. 92, pl. 35.

(4) « Fuisse traditur excelsa statura, colore candido, teretibus membris, ore paulo pleniore, nigris vegetisque oculis. » SUÉTONE, *Vie de César*, § XLV. — MACROBE, *Saturn.*, I, 12. — PLINE, VII, 25.

faisait raser, mais encore qu'il se faisait épiler. De tous les honneurs et priviléges qui lui furent accordés par le sénat et le peuple, l'autorisation de porter toujours une couronne de laurier fut ce qui lui agréa le plus, en raison de sa calvitie prématurée. »

Velleius (1) dit qu'il était le plus beau des Romains : « *Forma omnium civium excellentissimus.* » Cicéron lui rend justice et dit de son caractère qu'il était « doux et clément par nature (2). »

J'ai longtemps admiré dans le palais des Conservateurs, à Rome, cette magnifique statue en pied de César, qui est sous le vestibule, à droite en entrant dans la cour. Le Dictateur porte le vêtement militaire, et sa cuirasse est chargée d'arabesques. La statue a pour inscription ces mots : C. IVLIO CÆSARI DIC. PERPETVO. C'est une des meilleures œuvres de la statuaire antique et l'un des plus beaux portraits de César. Pline (3) rapporte qu'une statue revêtue de la cuirasse fut dédiée à César dans le Forum. Il n'y a pas lieu de croire que ce soit celle-là. Visconti (4) trouve la tête trop idéale pour être un portrait contemporain; il semble conclure qu'elle lui aurait été élevée comme à un mortel divinisé.

Le *César* du Musée Campana est d'un aspect rempli de gravité et de noblesse tout à fait digne de ce grand homme, quoiqu'il y paraisse représenté dans les dernières années de sa vie.

L'*Auguste assis* est une des plus nobles et plus imposantes figures qui se puissent voir. Quel calme, quelle simplicité, et en même temps quelle solennité dans cette belle œuvre, dont l'anatomie est d'ailleurs si remarquable! Habillez par la pensée ce grave personnage de l'habit de Colonel des Chasseurs de la Garde, et vous avez une vivante personnification de Napoléon Ier. Auguste, qui a l'attitude et le vêtement de Jupiter, le *Jupiter præsens* de Tite-Live (5), a dans sa main un globe avec une Victoire qui le surmonte. L'empereur Napoléon en tenait un semblable dans sa main droite, lorsqu'on inaugura, pour la première fois, sa statue sur sa Colonne de la place Vendôme. Dans une statue de bronze du Musée de Naples, c'est la foudre qu'Auguste tient dans la main gauche (6).

L'*Auguste jeune*, dont la ressemblance avec Napoléon est également frappante, a dans le masque une gravité précoce qui explique comment à l'âge de douze ans il fut, au rapport de Suétone, en état de prononcer l'éloge de son aïeule Julie (7). Il a été trouvé auprès du Palatin : cette circonstance mérite d'être notée. Suétone dit qu'Auguste était né *Regione Palatii*, il

(1) Velleius Paterc., liv. II, ch. xli.

(2) « Mitis, clemensque natura. » Cicéron, *Ad famil.*, t. XXIII, ch. vi, p. 6.

(3) « Cæsar quidem dictator loricatam sibi statuam dicari in foro passus est. » Pline, liv. XXXIV, ch. xv.

(4) En parlant de l'émotion de Paul Émile à l'aspect du Jupiter Olympien : « *Jovem velut præsentem intuens motus animo est.* » Tite-Live, XLV, 28.

(5) *Antichità d' Ercolano, Bronzi*, t. VI, p. 75.

(6) *Antichità d' Ercolano, Bronzi*, t. VI, p. 75.

(7) Nicolas de Damas (Περὶ Καίσαρος ἀγωγῆς, ch. 3) laisse croire qu'il n'avait que *neuf ans* à ce moment; mais, ainsi que le fait remarquer justement M. Egger (*Examen des historiens d'Auguste*, p. 10), Weichert se range à l'opinion la plus plausible, celle de Suétone, qui est aussi celle de Quintilien. Voyez au sujet des œuvres d'Auguste la publication de Weichert : *Imperatoris Cæsaris Augusti operum reliquiæ*, 1841, in-4°.

ajoute : « dans un endroit qu'on nomme les *Têtes de Bœuf, Capita Bubula.* » Au dire du même Suétone, il habita la maison d'Hortensius, située sur le Palatin et sur une partie de laquelle il bâtit le temple d'Apollon (1). Suétone n'a pas été contredit sur ce dernier point (2). Ces détails, rapprochés du lieu où ce buste a été trouvé, lui donnent un caractère plus marqué d'intérêt.

Suétone dit d'Auguste qu'il avait un « extérieur des plus distingués, qu'il resta dans toute sa beauté durant les divers âges de sa vie; qu'il avait un visage calme et serein, des yeux clairs et brillants, les sourcils rapprochés, de petites oreilles, le nez aquilin, effilé vers la pointe, que sa tête était faiblement penchée, que son teint brun avait de l'éclat, qu'enfin sa taille moyenne était bien proportionnée (3). »

Sextus Aurélius s'accorde avec Suétone, et il ajoute : « qu'il était poli, obligeant, civil, d'un caractère gai, beau de sa personne, mais plus beau encore par ses yeux (4). » Tacite rapporte que son visage et son regard terrifièrent les légions à Actium (5). Auguste avait de petites oreilles, ce qui, selon Aristote, annonce la probité dans les mœurs, comme le nez aquilin annonce la grandeur d'âme (6). Il avait des sourcils se joignant entre les yeux, ce qui était considéré, selon Pétrone, comme une beauté (7). Winckelmann, qui s'était fait sur la beauté

(1) « Natus est Augustus..... Regione Palatii, ad Capita Bubula..... Decretum est ut ea pars domus et soli quod primum Augustus nascens attigisset, consecraretur..... Nutrimentorum ejus ostenditur adhuc locus in avito suburbano juxta Velitras, tenetque vicinitatem opinio tanquam et natus ibi sit..... Infanti cognomen Thurino inditum est, in memoriam majorum originis vel quod regione Thurina nato, nactus puerilem imagunculam ejus æream hoc nomine inscriptam..... Templum Apollinis in parte Palatinæ domus excitavit..... Habitavit in Palatio in ædibus modicis Hortensianis. » (Suétone, *Vie d'Auguste,* §§ v, vi, vii, xxix, lxvii et lxxii.)

(2) L'assertion de Suétone a été contredite par des autorités modernes, telles que Eckhel, qui font naître Auguste à Velletri. Eckhel, dans sa *Doctrina numorum veterum* (t. VI, p. 69), dit positivement d'Auguste : « *Natus est Velitris,* » et il ajoute : « *Multa istud testimonia confirmant, collecta a Schlegelio.* » Il renvoie, pour les preuves, au *Thesaurus Morelliani, sive Numismata imperatorum romanorum* (t. 1er, p. 115, Amsterdam, 1752). Des écrivains contemporains ont adopté l'opinion d'Eckhel, entre autres M. de Clarac, dans le *Catalogue du Musée des antiques du Louvre,* p. 55. A propos de la statue d'Auguste indiquée sous le n° 113, il dit *qu'elle a été trouvée auprès de Velletri, patrie d'Auguste.* Enfin un savant antiquaire, particulièrement compétent en ce qui concerne l'antiquité romaine, M. Noël des Vergers a publié sur Auguste, dans la *Nouvelle Biographie générale* de Didot (in-8°, 1854, t. III, p. 643), un excellent article, dans lequel il fait naître également Auguste à Velletri. L'assertion de Suétone est cependant formelle, car il dit, comme on vient de le voir, « *qu'un décret consacra la partie de la maison où Auguste est né à Rome.* » Il ajoute pourtant qu'à son époque même « cette opinion qui fait naître Auguste à Velletri, où il avait été nourri, avait cours déjà, qu'on le surnommait *Thurinus,* de Thurium, bourg situé auprès de Velletri, soit à cause de ses ancêtres qui en étaient, soit parce que lui-même était né dans le pays de Thurium et qu'il avait trouvé un médaillon de bronze d'Auguste avec ce surnom pour inscription. » Quoi qu'il en soit, cette question ne rentrant pas dans mon travail, je ne la touche ici que très-incidemment : je me borne seulement à la poser, en laissant à la critique le soin de formuler un jugement.

(3) « Forma fuit eximia, et per omnes ætatis gradus venustissima; vultu erat tranquillo, serenoque, oculos claros, ac nitidos, supercilia conjuncta, mediocres aures, nasum et a summo eminentiorem et ab imo deductiorem. » Et enfin : « Staturam brevem quæ tamen commoditate et æqualitate membrorum occuleretur. » (Suétone, *Vie d'Octave Auguste,* § lxxix.)

(4) « Fuit mitis, gratus, civilis, animi lepidi, corpore toto pulcher, sed oculis magis. » (Sext. Aurel., *Epitom.,* ch. i.)

(5) « Divus Augustus vultu et aspectu Actiacas legiones exterruit. » (Tacite, *Ann.,* liv. I, 42.)

(6) Aristot. *Hist. anim.,* 1, 86.

(7) « Supercilia confinio luminum pene permixta decori habita sunt. » (Pétrone, ch. cxxvi).

humaine des opinions toutes de convention et de parti pris, et qui ne voulait pas qu'on pût être beau de plusieurs façons, avait lu, dans une épigramme de l'anthologie grecque, « *que* » *les sourcils qui se rejoignent sont une marque d'orgueil et de mauvaise humeur.* » Le docte Prussien ne voulait, dès lors, reconnaître, malgré l'évidence, dans aucun buste d'Auguste, la particularité signalée par Suétone (1).

Tel était Auguste, dont le règne fut un long bienfait, et qui a pu dire en mourant : « J'ai trouvé Rome toute de briques, et je la laisse toute de marbre (2), » faisant ainsi allusion non-seulement aux embellissements dont il avait doté Rome, mais encore à la faiblesse des institutions républicaines et à la solidité du gouvernement impérial. En se plaçant à un point de vue élevé et désintéressé pour juger les grands hommes (et c'est toujours de cette hauteur qu'il faut écrire l'histoire), on peut dire d'Auguste, qu'en continuant le sillon tracé par César, il a fécondé le sol romain, remué vainement avant lui par soixante ans de bouleversements et de troubles. Son long règne, qui fut de près d'un demi-siècle, prépara l'Europe à recevoir bientôt, comme une semence divine, la parole du Christ. Ce vieux monde, qui gardait en germe le dépôt de la civilisation, et qui s'étendait de l'Espagne à l'Euphrate et de l'Atlas au Danube, avait pour base de solides assises posées sur les institutions de droit romain. En se transformant plus tard successivement par le droit canon, les coutumes et le code civil, il allait devenir pour les modernes le vaste Empire de Charlemagne, de Charles-Quint, de Louis XIV et de Napoléon.

La *Livie,* femme d'Auguste, avec les attributs et le vêtement de Junon, est une statue importante, autant par sa rareté que par la beauté de ses draperies.

Cette Livie, mère de Tibère, femme ambitieuse et adroite, qu'Auguste enleva à son mari, tandis qu'elle était enceinte d'un second fils, et que Caligula appelait *Ulysse sous les traits d'une femme,* est qualifiée, sur les médailles, de *Mère de la patrie et Mère du monde* (3).

Ces médailles, frappées sous Tibère et dans les colonies d'Espagne, d'Afrique et de Grèce, ne donnaient qu'une idée imparfaite de Livie, lorsqu'on déterra dans les fouilles faites à Otricoli, sous Pie VI, au milieu des ruines de la Curie, au palais municipal, une statue de femme en Prêtresse, qui était le pendant de celle d'Auguste en Pontife. On ne douta pas alors que ce ne fût une statue de Livie. Avant cette découverte, cependant, Visconti avait déjà reconnu Livie dans une statue de la villa Pinciana, figurée en Cérès, qui est maintenant au Louvre. La *Livie* du Musée Campana est fort belle : elle est connue des antiquaires pour avoir été longtemps l'ornement de la célèbre galerie Altemps, à Rome.

La demi-figure colossale en marbre qui représente *Auguste* a le front ceint de la couronne

---

(1) « Je suis étonné que Théocrite, ce poëte si plein de délicatesse, ait pu trouver de la beauté dans des sourcils qui se joignent. Isaac Porphyrogénète donne de pareils sourcils à Ulysse, et Darès le Phrygien à Briséis. Suétone nous apprend qu'Auguste avait des sourcils joints ensemble; cependant, de toutes les têtes de cet empereur, aucune ne le représente ainsi. » (WINCKELMANN, *Hist. de l'Art,* t. I, p. 401.)

(2) SUÉTONE, *Vie d'Auguste,* § XXXIX.

(3) DION CASSIUS, LVII, § 12.

civique (1); que l'on donnait aux grands hommes pour avoir sauvé leurs concitoyens, *ob cives servatos*. L'*Auguste* qui est au Louvre, sous le n° 278, a la même couronne. Notre statue appartenait évidemment à la statuaire polychrome. Auguste était sans doute en Jupiter, et le bas de sa robe devait être de bronze, d'or ou de quelque métal précieux.

Ce magnifique fragment est du plus beau style et tout à fait digne du grand siècle.

Le *Salluste* est une des plus curieuses physionomies du Musée Campana. Cette tête est une véritable bonne fortune pour un observateur, en ce qu'elle est on ne peut plus rare. L'*Iconographie romaine* en donne seulement un profil d'après les médaillons dits *contorniates* (2). Les traits du grand historien s'y retrouvent en parfaite conformité avec notre Salluste. Sur le piédouche, qui fait corps avec le buste lui-même, on lit : C. SAL. C. — CAIVS SALLVSTVS CRISPVS.

L'amour de Salluste pour les arts ne permet pas de douter que les artistes ses contemporains n'aient transmis son portrait à la postérité. Les deux *contorniates* le représentent avec cette légende : SALVSTIVS AVTOR. Dans l'un, Salluste est dans la fleur de l'âge (3); il y a un peu de barbe sur la partie inférieure de ses joues, conformément à la mode usitée parmi les personnages qui se piquaient d'élégance au siècle de Cicéron, ainsi qu'on le voit dans sa Lettre quatorzième à Atticus : « *Concursabant barbatuli juvenes, totus ille grex Catilinæ.* » Dans l'autre, il est sans barbe, suivant la coutume des Romains d'un âge mûr.

Salluste, que Velleius appelle « l'émule de Thucydide, » est mis par Martial au premier rang parmi les historiens romains :

Hic erit, ut perhibent doctorum corda virorum,
Crispus Romana primus in historia (4).

D'un autre côté, le célèbre historien, éliminé du Sénat pour ses déportements, a été flétri par la sanglante ironie d'Horace dans les vers trop connus de la seconde Satire du premier Livre. L'expression pleine de finesse et les traits généraux de ce visage sillonné par les passions rappellent autant l'homme que l'écrivain. Ce n'est pas seulement l'auteur de la Grande Histoire qu'on a devant soi, c'est aussi le Proconsul avide, le voluptueux effréné que le Sénat fut obligé d'écarter de son sein.

Le charmant hermès de *Virgile* est exécuté dans le sentiment même du poëte qu'il représente.

---

(1) Sur la Table célèbre, découverte à Ancyre en Galatie, Auguste, dans un exposé aussi simple qu'éloquent de son règne, dit en parlant de lui-même : « Pour me récompenser, le Sénat a chargé de lauriers les portes de mes palais, et posé au-dessus d'elles une *couronne civique*, ainsi que sur le seuil de ma maison..... » — « SENATVS. LAVREIS . POSTES . ÆDIVM . MEARVM . V[INXIT . POSITA . CORONA .] CIVICA . S[VPE]R . [EAS . ATQVE . ANTE . JANVAM . MEAM . » (INSCRIPTION D'ANCYRE, *sixième colonne*) Voyez, sur ce précieux monument, l'ouvrage de M. EGGER : *Examen des historiens d'Auguste*, p. 421. — Voyez aussi M. HAMILTON, *Researches in Asia Minor*, Londres, 1843; — MM. FRANZ et ZUMPT, Berlin, 1845; — et M. Philippe LE BAS, qui en a donné une traduction littérale et de nombreuses restaurations, *Histoire romaine*, Paris, 1847, t. II, p. 481 et suiv.

(2) *Iconographie romaine*, t. I, p. 228, pl. 11, n°s 3 et 4. — TACITE, *Ann.*, liv. III, § xxx.

(3) VISCONTI, *Iconogr. rom.*, t. I, p. 268. — ECKHEL, *Doctrina numorum*, t. VIII.

(4) MARTIAL, *Epigr.*, liv. XIV, p. 189.

C'est bien, dans le chantre de la nature champêtre, cette expression douce et calme, timide et même campagnarde, *rusticana*, qu'on a constatée en lui. Dans la vie de Virgile, attribuée à Donat, il est dit : « qu'il était d'une belle stature, qu'il avait le teint brun et la figure d'un campagnard (1). » Le poëte des *Églogues* paraît plus jeune ici que le Virgile du Capitole. Le marbre en est mieux conservé que celui du Musée de Mantoue.

Tibère nous apparaît avec les traits de cette figure si caractérisée qu'elle semble concorder avec les crimes qui souillèrent la seconde partie de sa vie. Suétone rapporte « qu'il était gros et robuste, large des épaules et de la poitrine, bien fait et bien proportionné, qu'il avait le teint blanc, les cheveux retombant sur le cou, et qu'il marchait la tête immobile et baissée, d'un air chagrin et le plus souvent en silence (2). » Tel est le portrait de Tibère dans l'âge mûr. Voici maintenant celui que Tacite en a tracé, à l'époque de son déclin : « Il restait à Capri; il fuyait Rome pour cacher les traces de ses débauches, qui le défiguraient. Il était d'une haute stature, maigre et courbé, chauve sur le sommet de la tête; il avait le visage rongé d'ulcères et presque toujours couvert de préparations médicinales (3). » Cette demi-figure de Tibère appartient à la belle époque impériale : elle devait être assise, et a été trouvée, comme celle du Louvre, auprès de Naples, non loin de cette Caprée, témoin des désordres de cet empereur.

Germanicus est une de ces physionomies historiques qui captivent le spectateur. On comprend que ce grand homme ait pu dire de lui, sur son lit de mort : « Les étrangers eux-mêmes me pleureront (4). » Sur les médailles de Mitylène, il est qualifié *Divus*. « *Il avait*, dit Suétone, *tous les avantages du corps et de l'âme comme personne ne les posséda jamais, une valeur et une beauté singulières; le seul défaut qui le déparât était d'avoir les jambes un peu grêles; mais il corrigea cette imperfection par l'habitude de monter à cheval après ses repas (5).* »

Les historiens rapportent que la mort d'aucun prince, depuis Alexandre, n'avait excité autant de regrets. Tacite a tracé de Germanicus un portrait fort beau. « Ce jeune homme avait

(1) « Corpore et statura fuit grandi, aquilo colore, facie rusticanâ. » DONAT, *Vie de Virgile.*

(2) « Corpore fuit amplo atque robusto, latus ab humeris et pectore, cæteris quoque membris usque ad imos pedes, æqualis et congruens; colore erat candido, capillo pene occipitium summissiore, incedebat cervice rigida, et obstipa, adducto fere vultu, plerumque tacitus. » SUÉTONE, *Vie de Tibère*, § XLVIII.

(3) « Sævitiam ac libidinem locis occultantem. Quippe illi prægracilis et incurva proceritas, nudus capillo vertex, ulcerosa facies, ac plerumque medicaminibus interstincta. » TACITE, *Ann.*, IV, 57.

(4) « Flebunt Germanicum etiam ignoti » (TACITE, *Ann.*, II, LXXI). Parmi les statues qui ont remplacé dans l'Acropole d'Athènes celles qui furent transportées à Rome, M. Beulé cite une statue de Germanicus dont le piédestal porte l'inscription suivante : « Le peuple à Germanicus César. »

Ο ΔΗΜΟΣ

ΓΕΡΜΑΝΙΚΟΝ ΚΑΙΣΑΡΑ

(*L'Acropole d'Athènes*, t. I, p. 320.) — Voyez, dans l'*Atheneum français*, un récent et savant article de M. Philippe Le Bas, au sujet de ces bases de statues. (Bulletin de mars 1855, n° 3, p. 21.) Je citerai plus loin, page LXVIII, des inscriptions communes à Germanicus et à Caligula.

(5) « Omnes Germanico corporis animique virtutes et quantas nemini cuiquam contigisse satis constat, formam et fortitudinem egregiam. Formæ minus congruebat gracilitas crurum, sed ea quoque paulatim repleta, assidua equi vectatione post cibum. » SUÉTONE, *Vie de Caligula*, § III.

un esprit bienveillant envers ses concitoyens, une affabilité admirable dans la parole, dans le visage, à l'égard des suppliants et des gens même les plus obscurs, bien différent en cela de Tibère (1). »

On ne saurait trop admirer l'ingénieux artifice du statuaire qui, dans le *Germanicus* du Musée Campana, l'a représenté assis, afin de dissimuler, par cette position, le seul défaut que 'lui reprochât Suétone, qui était la maigreur de ses jambes. Le ciseau des meilleurs artistes du temps fut appelé à reproduire ses traits ; c'est certainement à l'un de ceux-là qu'on doit la belle statue du Musée Campana.

Sa femme *Agrippine,* petite-fille d'Auguste, fut une des femmes supérieures de l'antiquité; elle sut, au milieu de la corruption du siècle, conserver la noble sévérité de mœurs des matrones romaines, et Tacite a pu laisser d'elle ce bel éloge « que, remplie des préoccupations d'esprit d'un homme, elle avait dépouillé les faiblesses de la femme, et qu'elle faisait tourner à bien jusqu'à ses défauts, qui étaient la colère et l'emportement. » — « En effet, ajoute ailleurs Tacite,

---

(1) « Nam juveni civile ingenium, mira comitas, et diversa Tiberii, sermone, vultu, adrogantibus et obscuris. » Tacite, liv. I, 33. — Étant à Vienne, en Autriche, j'ai été frappé, en rendant une pieuse visite aux restes du duc de Reichstadt, de l'analogie particulière, que présente la touchante épitaphe écrite sur son modeste cercueil de plomb, avec le portrait que Tacite et Suétone ont tracé de Germanicus. Je la donne ici, autant à cause de l'intérêt épigraphique qui s'y rattache qu'en raison du souvenir mélancolique qu'a laissé dans tous les cœurs, même parmi les étrangers, *etiam ignotis,* la fin prématurée de cet autre Germanicus. Les traits principaux du portrait s'y retrouvent, *omnes animi, corporisque virtutes, juveni civile ingenium, mira comitas.* Le monogramme placé au-dessus, entre l'*alpha* et l'*omega,* figure les deux premières lettres superposées du mot ΧΡΙΣΤΟΣ, le Christ étant comme le commencement et la fin de tout.

A ☧ Ω

ÆTERNÆ MEMORIÆ.
JOS. CAR. FRANCISCI. DVCIS. REICHSTADENSIS.
NAPOLEONIS. GALL. IMPERATORIS.
ET.
MAR. LVDOVICÆ. ARCH. AVSTR.
FILII.
NATI. PARISIIS. XX MART. MDCCCXI.
IN. CVNABVLIS.
REGIS. ROMÆ. NOMINE. SALVTATI.
ÆTATE. OMNIBVS. INGENII. CORPORISQVE.
DOTIBVS. FLORENTEM.
PROCERA. STATVRA. VVLTV. IVVENILITER. DECORO.
SINGVLARI. SERMONIS. COMITATE.
MILITARIBVS. STVDIIS. ET. LABORIBVS.
MIRE. INTENTVM.
PHTISIS. TENTAVIT.
TRISTISSIMA. MORS. RAPVIT.
IN. SVBVRBANO. AVGVSTORVM. AD. PVLCHRVM. FONTEM
PROPE. VINDOBONAM.
XXII. IVLII. MDCCCXXXII

cette femme, grande par l'âme, passait les troupes en revue, se plaçait à côté des aigles, et apaisait des séditions que n'avait pu comprimer le nom de l'Empereur (1). »

L'*Agrippine* du Musée Campana réalise admirablement le type austère esquissé par Tacite.

« *Caligula,* dit Suétone, avait le teint très-pâle, les yeux et les tempes caves, le visage large et regardant de côté, le front presque dégarni de cheveux, le sommet de la tête tout à fait chauve, très-velu du reste ; sa figure était naturellement horrible et repoussante, et il s'appliquait à la rendre plus effrayante encore, en s'étudiant devant un miroir à inspirer la terreur et l'effroi (2). »

Sénèque achève le portrait par ces mots (3) : « L'aspect horrible de sa pâleur dénotait la folie ; ses yeux étaient enfoncés sous leur orbite d'une manière farouche ; la tête était toute dénudée et si peu couverte de cheveux qu'il paraissait les avoir mendiés ; ajoutez à cela que sa nuque était couverte de poils rudes, ses jambes très-grêles et ses pieds énormes. » Pline (4) cite ses yeux au regard froid, *rigentes oculos.*

Suétone nous apprend que Caligula s'était fait faire dans le temple de Castor et Pollux une statue en or qu'on habillait tous les jours des mêmes vêtements que lui (5). Ses effigies sont très-rares. Le *Caligula* du Musée Campana est d'autant plus précieux ; il concorde à merveille avec les médailles du temps.

Claude « ne manquait pas de grandeur et de dignité dans sa personne, soit qu'il fût debout, soit qu'il fût assis et surtout couché ; il avait, du reste, une belle figure, de beaux cheveux blancs, le cou gras. » Suétone ajoute, par manière de correctif, que Claude « avait le rire niais, une colère vulgaire, qui le faisait écumer, un insupportable bégayement et un continuel tremblement de tête (6). »

La statue colossale du Musée Campana, qui le représente debout, le donne sous son aspect le plus favorable. On remarque le beau travail de la cuirasse et de la chlamyde.

Suétone dit de Néron « qu'il avait le visage plutôt beau qu'agréable, et le cou épais (7). »

---

(1) « Agrippina, virilibus curis, feminarum vitia exuerat. » TACITE, *Ann.*, IV, XII, XIV, LXIII ; VI, XXV. » — « Indomitum animum in bonum vertebat. » Id., ibid., I, XXXIII. — « Nihil relictum imperatoribus, ubi femina, ingens animi, manipulos intervisat, signa adeat : compressam a muliere seditionem, cui nomen principis obsistere non quiverit. » Id., ibid., I, LXIX.

(2) « Fuit colore pallido, oculis et temporibus concavis, fronte lata et torva, capillo raro ac circa verticem nullo, hirsutus cætera. Vultum vero natura horridum ac tetrum etiam ex industria efferabat, componens ad speculum in omnem terrorem ac formidinem. » SUÉTONE, *Vie de Caligula,* § L.

(3) « Tanta illi palloris insaniam testantis fœditas erat, tanta oculorum sub fronte simili torvitas, tanta capitis destituti et emendicatis capillis aspersi deformitas : adjice obsessam setis cervicem et exilitatem crurum et enormitatem pedum. » SÉNÈQUE, *De Cons.,* ch. XVIII.

(4) PLINE, liv. XI, ch. XXXVII.

(5) « In templo stabat simulacrum aureum iconicum, amiciebaturque quotidie veste quali ipse uteretur. » SUÉTONE, § XXII.

(6) « Auctoritas dignitasque formæ non defuit vel stanti, vel sedenti, ac præcipue quiescenti ; specie, canitieque pulchra, opimis cervicibus..... Risus indecens, ira turpior, spumante rictu, præterea linguæ titubantia, caputque maxime tremulum. » SUÉTONE, *Vie de Claude,* § L.

(7) « ... Fuit vultu pulchro, magis quam venusto, cervice obesa... Comam in gradus formatam, peregrinatione Achaica, summiserit... » SUÉTONE, *Vie de Néron,* § LI. — Cf. PLUTARQUE, *In Ant.,* p. 655. — TACITE, *Ann.*, XII, 25.

Il ajoute qu'il était si recherché dans sa coiffure, qu'il frisait ses cheveux par étages et qu'il les laissa croître, par derrière, dans son voyage de Grèce, à la mode des citharèdes ou joueurs de lyre.

Le front seul entre les sourcils nous paraît indiquer, dans ce masque, les caractères extérieurs de la dureté, inséparable peut-être de l'habitude du commandement. J'ai toujours été frappé de la finesse correcte de cette bouche (1); c'est la bouche d'un critique, d'un artiste, d'un ami des arts. Au reste, à ce point de vue, Néron s'est résumé lui-même au moment de mourir, lorsqu'il s'est écrié : « *Qualis artifex pereo!* » « *Quel artiste le monde perd en moi!* »

L'histoire nous a conservé de curieux détails sur sa passion pour le théâtre. Dion Cassius nous apprend (2) que « Néron paraissait sur la scène dans le costume de citharède, et que, tout » autocrate qu'il était, il disait au public : « Mes maîtres, écoutez-moi avec bienveillance. » « Sénèque et Burrhus, dit le même annaliste, étaient assis devant lui, comme des redresseurs » chargés de l'aider, s'il venait à manquer de mémoire. Puis, ils agitaient leurs mains et leurs » vêtements et amenaient ainsi tout l'auditoire à en faire autant : car Néron avait pris à sa » solde un corps de cinq mille chevaliers, qu'il avait appelés Αὐγουστεῖοι (*Augustani*, selon Tacite, » et *Augustiani*, selon Suétone). — On les entendait crier : « O beau César, ô Apollon, ô Auguste! » O seul vainqueur aux Jeux Pythiques, personne, ô César (nous le jurons par toi), personne » ne te surpasse! »

On sait que Néron fit le voyage de la Grèce pour aller disputer les prix aux Jeux Olympiques. Quoiqu'il eût été renversé au milieu de sa course, en s'obstinant à conduire un char à dix chevaux, il obtint le prix et la couronne. Suétone nous a conservé le récit de son retour en Italie. Il arriva à Naples sur un char traîné par des chevaux blancs, et, selon le privilége réservé aux vainqueurs des Jeux sacrés, par une brèche faite à la muraille. Il entra de la même manière dans Antium, dans Albano et à Rome. Il voulut rentrer en triomphe dans la Ville sur le char d'Auguste, entouré de musiciens et de comédiens de tous les pays du monde, vêtu d'une robe de pourpre et d'une chlamyde parsemée d'étoiles d'or. On portait devant lui les dix-huit cent huit couronnes qu'il avait gagnées dans les différents Jeux auxquels il avait pris part, avec des inscriptions qui disaient « où il les avait gagnées, contre qui, dans quelles pièces, dans quels rôles. » Ce qui expliquait toute cette émotion, c'est qu'il était le premier

______

(1) Je me rappelle avoir vu à Venise un petit buste de *Néron enfant*. Il se trouve, si ma mémoire est fidèle, au Palais Ducal, dans une des pièces qui suivent la salle dite des *Scarlati*, ainsi appelée parce qu'on y déposait les robes écarlates des Doges. Au Musée de Naples, j'ai vu également dans la *Salle des Empereurs* un buste de Néron enfant, sous le n° 229. Il est aux pieds d'un petit Tibère avec la corne d'abondance. Le même Musée possède une statue de *Néron enfant*, avec la bulle au cou, faisant pendant à Britannicus. (Voy. *Mus. Borbon.*, t. VII, pl. 69.) Ces têtes d'enfant sont l'embryon de ce masque : les traits y sont réguliers et purs; la bouche, comme dans l'homme, y est déjà petite et fine.

(2) Ἐπὶ τῆς σκηνῆς ὁ Καῖσαρ τὴν κιθαρῳδικὴν σκευὴν ἐνδεδυκώς · καὶ, Κύριοί μου, εὐμενῶς μου ἀκούσαστε, εἶπεν ὁ αὐτοκράτωρ..... καὶ αὐτῷ ὁ Βοῦρρος καὶ Σενέκας καθάπερ τινὲς διδάσκαλοι, ὑποβάλλοντές τι, παρειστήκεσαν καὶ αὐτοὶ τάς τε χεῖρας καὶ τὰ ἱμάτια, ὁπότε φθέγξαιτό τι, ἀνέσειον καὶ τοὺς ἄλλους προσεπεσπῶντο · ἦν μὲν γάρ τι καὶ ἴδιον αὐτῷ σύστημα ἐς πεντακισχιλίους στρατιώτας παρεσκευασμένον Αὐγουστεῖοί τε ὠνομάζοντο · καὶ ἦν ἀκούειν πως αὐτῶν λεγόντων · « Ὁ καλὸς Καῖσαρ, ὁ Ἀπόλλων, ὁ Αὔγουστος, εἷς ὡς Πύθιος · μά σε Καῖσαρ, οὐδείς σε νικᾷ. » (DION CASSIUS, *Hist. Rom.*. liv. LXI, *Nero*, VI.)

Romain qui eût vaincu aux Jeux Olympiques. Néron venait ensuite lui-même, ayant sur la tête la couronne olympique, faite d'olivier sauvage, et tenant dans sa main droite la couronne pythique, faite d'une branche de laurier. Derrière le char marchaient les *Augustans*, applaudisseurs à gages, dont il avait formé une compagnie aussi nombreuse qu'une légion : ils criaient, dit Suétone, qu'ils étaient « les compagnons de sa gloire et *les soldats de son triomphe*. » On démolit ensuite une arcade du Grand Cirque, et le cortége triomphal se dirigea, par le Vélabre et le Forum, vers le mont Palatin et le temple d'Apollon. Partout, sur son passage, on immolait des victimes ; on parsemait les rues de poudre de safran, on lâchait des oiseaux ; on jetait des rubans et des gâteaux. Le sénat, les chevaliers, le peuple, accompagnant cette pompe, faisaient retentir l'air d'acclamations enthousiastes que Dion Cassius nous a transmises (1) ; les voici : « Vainqueur des Jeux Olympiques ! Oua !... Vainqueur des Jeux Pythiques ! Oua !... Auguste ! Auguste !... Néron est un Hercule ! Néron est un Apollon !... Seul, il a vaincu dans tous les genres de combats et de jeux ! Seul, il est digne de vivre dans l'éternelle mémoire !... Voix divine, heureux ceux qui vous entendent ! (2) »

Sénèque, dans sa satire contre Clodius, introduit Apollon qui parle de Néron comme de son égal, trait de flatterie que Sénèque ne trouvait pas trop exagéré lui-même. Dans beaucoup de médailles et dans quelques statues on le voit en Apollon Musagète (3). « Il voulut remplir ses appartements, dit Suétone, de statues qui le représentaient en musicien citharède ou joueur de lyre, et il fit même frapper *une monnaie* où il portait ce costume : « *Statuas suas posuit citharœdico habitu ; qua nota etiam nummum percussit* (4). »

On sait que Néron se fit élever par Zénodore une statue colossale en bronze, devenue célèbre,

(1) Πάντων δὲ τῶν ἀνθρώπων, καὶ αὐτῶν τῶν βουλευτῶν ὅτι μάλιστα συμβοώντων · « Ὀλυμπιονίκα, οὐᾶ, Πυθιονίκα, οὐᾶ, Αὔγουστε, Αὔγουστε · Νέρωνι τῷ Ἡρακλεῖ, Νέρωνι τῷ Ἀπόλλωνι · ὡς εἷς περιοδονίκης, εἷς ἀπ' αἰῶνος, Αὔγουστε, Αὔγουστε · ἱερὰ φωνή · μακάριοι οἱ σοῦ ἀκούοντες. (Dion Cassius, *Hist. Rom.*, liv. LXIII, *Nero*, vi.)

(2) Il faut se rendre compte du milieu dans lequel vivent les personnages que l'histoire est appelée à juger. On a beaucoup reproché à Néron de s'être « *donné en spectacle*, » c'était, cependant, une action assez ordinaire, surtout en Grèce. Platon déclare que « remporter la victoire à Olympie était *la plus grande félicité* qui pût arriver à un mortel. » (*Politique*, liv. V, p. 419.) En effet, les Jeux de la Grèce étaient des *Jeux sacrés*, et Platon lui-même avait paru aux Jeux Isthmiques à Corinthe et aux Jeux Pythiques à Delphes. C'est ce que nous apprend Diogène Laërce : « Καὶ αὐτὸν φήσω Ἀριστόξενος τρὶς ἐστρατεῦσθαι · ἅπαξ μὲν εἰς Τάναγραν, δεύτερον δὲ εἰς Κόρινθον, τρίτον ἐπὶ Δηλίῳ. » (Diogène Laërce, t. I, liv. III, segm. viii.) — Le fait est également rapporté par Apulée, qui dit que Platon « fit de si grands progrès dans les exercices du corps qu'il disputa le prix de la lutte dans les Jeux Pythiques à Delphes et dans ceux de l'Isthme, à Corinthe, et qu'il ne dédaigna pas l'art de la peinture : » « In palæstrâ tantos progressus exercitatio ei contulit, ut Pythia et Isthmia de luctâ certaverit : picturæ non aspernatus artem. » (Apulée, t. III, liv. I, trad. de M. Bétolaud). Un autre philosophe, Pythagore, remporta aussi le prix en Élide, et il instruisit si bien Eurymène, que celui-ci y fut vainqueur comme lui. Lorsque Platon et Pythagore avaient ambitionné la palme aux Jeux sacrés, il n'était pas étonnant de voir Néron y aspirer de même, lorsque, surtout, la nature lui avait donné le goût de la musique, du chant et des représentations dramatiques. Plut au ciel qu'il n'eût commis que de tels crimes et que l'histoire n'eût que de pareils reproches à lui adresser !

(3) Néron avait pour cachet une agate qui le représentait en *Apollon faisant écorcher Marsyas*. Maffei a publié une agate pareille (*Gemme*, n° 43) ; le *Museum Cortonense* en a donné une autre. (*Mus. Cort.*, pl. 25.) — Une inscription grecque ayant appartenu à une statue de Néron, érigée à Sparte, est citée par Bœckh (*Corp. Inscr.*, I, n° 1302).

(4) Suétone, *Vie de Néron*, § xxv.

parce que, plus tard, on en fit une statue du Soleil, en y substituant une autre tête, ainsi que le rapporte saint Jérôme. Cette statue, dont Pline dit avoir vu le modèle d'argile dans l'atelier de l'artiste (1), et qui devait avoir eu autrefois une couronne radiée, comme le Jupiter Sérapis du Vatican, appelé *Il Serapide Radiato*, avait cent vingt pieds, selon Suétone, et avait coûté quarante millions de sesterces, ce qui équivaut à un peu plus de sept millions de francs de notre monnaie. Publius Victor dit que cette statue était dans la quatrième région de Rome et que les rayons de la couronne étaient longs de sept pieds : «*Radii septem fuere longitudine pedum.*» — «Néron se fit élever, dit Tacite, dans le temple de Mars Vengeur, et sur la proposition du Sénat, des statues *de la grandeur de celles du Dieu* (2). »

La tête colossale, en noir antique, du Musée Campana, qui a une couronne rapportée, une couronne radiée, comme le Jupiter Sérapis dont je viens de parler, est peut-être une des réductions faites d'après le colosse de Zénodore : c'est un des morceaux les plus importants de la galerie, en ce qu'il a dû appartenir à la statuaire polychrome. Il a été trouvé dans le Forum, comme la *Melpomène*, et on aperçoit encore les trous des rayons et les traces de la ligne occupée par la couronne, qui, étant sans doute d'or, aura été enlevée d'autant plus vite.

Le *Sénèque* en pied est une statue fort rare, qu'on ne trouve mentionnée qu'au *Musée Clémentin*, et encore cette statue était elle contestée, comme n'étant point un Sénèque (3). On connaît des bustes du vieux philosophe, que ses écrits et sa mort ont popularisé. Celui qui écrit ces lignes a rapporté de Naples un buste de Sénèque en marbre, d'une vérité qui peut rivaliser avec le fameux buste en bronze d'Herculanum. Tacite nous apprend que Sénèque « avait le corps amaigri par le peu de nourriture qu'il prenait (4), que son extérieur était négligé et que son visage était rude. » Sénèque lui-même nous a laissé son propre portrait dans des termes analogues (5). « Son visage, dit-il, était arrivé à une extrême maigreur, parce qu'il avait été longtemps malade. » Dans ses lettres, il dit à quelqu'un qui lui avait demandé ses ouvrages : « Vous me demandez mes livres, j'en suis heureux, car je me crois plus éloquent que beau. Que serait-ce si vous me demandiez mon portrait? » Sa chevelure était inculte, comme était celle d'un homme qui n'a jamais fait usage de parfums, ainsi qu'il le dit lui-même dans sa Lettre cent huitième. Dans ses bustes, le menton paraît plutôt mal rasé que couvert de barbe. Sénèque avait un asthme, et Visconti (6) fait remarquer à ce sujet que son profil exprime si bien les traits d'un homme *qui respire*, qu'il ressemble presque à celui d'un homme *qui expire*, «*animam agentis*, » comme le vieux philosophe le dit de lui-même, dans sa cinquante-quatrième Épître.

---

(1) Pline, liv. XXXIV, ch. XVIII. — Auguste n'avait jamais voulu, de son vivant, faire usage de la couronne radiée, réservée à la tête des dieux : Néron n'hésita pas à se parer de cet attribut divin.

(2) « Sed apud Senatum omnia in majus celebrata sunt... effigiesque ejus pari magnitudine ac Martis Ultoris eodem in templo censuere. » Tacite, *Ann.*, liv. XIII, § VIII.

(3) *Mus. Clém.*, t. III, pl. 17. — Dans le Catalogue actuel du Vatican, on ne voit pas figurer de statue de Sénèque.

(4) « Senile corpus parco victu tenuatum. » *Ann.*, liv. XV, ch. LXIII *et alias*.

(5) Sénèque, *Consol. ad Elv.*, ch. XVII, ép. 54 et 78.

(6) Visconti, *Iconogr. rom.*, t. I, p. 203.

L'identité des bustes de Sénèque n'a été établie que d'après un *contorniate* que Le Fèvre dit avoir vu dans la collection du cardinal Maffei (1). Malgré les doutes suscités par Winckelmann (2), Visconti n'hésita pas à accepter ce prototype (3), l'identité de beaucoup de physionomies antiques n'ayant pas été établie sur des documents plus complets.

La vieillesse écrite dans les traits du visage, les rides profondes, les muscles du cou tombant sur la poitrine, comme les fanons d'un taureau, la fixité et la vérité expressive du regard, la fermeté sculpturale des lignes, l'abondance et le désordre des cheveux, tels sont les caractères des beaux bustes de Sénèque : ils se trouvent reproduits d'une manière remarquable dans la statue du Musée Campana.

Galba, Othon, Vitellius, Vespasien se succèdent dans la série des bustes et des statues comme dans le cours du temps. Le buste de *Galba* est beau de vérité sénile et de dignité impériale. Suétone en fait le portrait en peu de mots : « Il avait, dit-il (4), la tête chauve par-devant, les yeux bleus, le nez aquilin. » Le buste du musée Campana est d'autant plus précieux que Galba n'a régné que sept mois et que ses statues furent détruites. Il en fut de même des bustes d'*Othon*, qu'on voit presque toujours coiffé de son *galericulus* historique. Son règne très-court n'a pas permis d'en multiplier les effigies. La beauté extraordinaire du buste que possède le Musée Campana en fait une des pièces les plus précieuses de la collection impériale.

Vitellius prend place dans l'histoire parmi ces monstres physiques dont l'originalité bestiale est devenue populaire. Suétone dit (5) « qu'il avait le visage rouge et bourgeonné par l'abus du vin, le ventre obèse, etc. » Tacite le peint plus brutalement encore, dans sa prose hardie qu'on ne peut traduire (6). Le vigoureux écrivain qualifie sa voracité de : « *Epularum fœda et inexplebilis libido, ventre et gula sibi ipsi hostis.* » Il ajoute : « *Torpebat Vitellius medio die temulentus et sagina gravis.* »

Vespasien avait dit, au moment de périr : « Il faut qu'un empereur meure debout. » Le statuaire a eu l'excellente pensée de le représenter ainsi et dans l'attitude d'un orateur qui fait une harangue : c'est sans doute à son retour de la Judée ou des Gaules. « Il avait, dit Suétone (7), la stature carrée, les membres ramassés et vigoureux, la figure comme celle d'un homme qui fait un effort. » Une inscription grecque nous apprend qu'il y eut à Nauplie une statue de cet empereur (8).

---

(1) Le Fèvre, num. 131, p. 74.

(2) Winckelmann, *Hist. de l'Art*, t. II, p. 420.

(3) Visconti, *Icon. rom.*, *ut suprà*. — La notice qui accompagne le fameux buste de *Sénèque*, dans le *Museo Borbonico*, mentionne un hermès de Sénèque et de Socrate découvert de nos jours à Rome et portant le nom de Sénèque, mais dont les savants romains contestent l'authenticité. Voir, à cette occasion, l'opuscule in-folio de Lorenzo Re : *Nella erma bicipite di Seneca e Socrate ritrovato nella villa Cælimontana già Mattei*, Rome, 1823; ainsi que la *Lettre du professeur de Mattheis* sur ce même sujet.

(4) « Capite præcalvo, oculis cæruleis, adunco naso. » Suétone, *Vie de Galba*, ch. XXI.

(5) « Erat in eo enormis proceritas, facies rubida plerumque ex vinolentia, venter obesus, etc. » Suétone, *Vie de Vitellius*, § XVII.

(6) Tacite, *Hist.*, liv. I et II, ch. LXII.

(7) « Oportet imperatorem stantem mori. » « Statura fuit quadrata, compactis firmisque membris, vultu veluti nitentis. » Suétone, *Vie de Vespasien*, §§ XXIV, XX.

(8) Boeckh, *Corp. Inscr. gr.*, t. I, n° 1163.

La statue et le buste de *Vespasien* sont, dans le Musée Campana, des œuvres importantes à plus d'un titre, au double point de vue de l'art et de l'histoire.

Non moins que les yeux, l'esprit se repose, après les Néron et les Vitellius, sur les Titus, les Trajan, les Antonin et les Marc Aurèle.

La belle statue de *Titus*, qui a une ruche d'abeilles à ses pieds, pour indiquer la douceur du caractère de cet empereur (1), est une des meilleures effigies de ce prince excellent, l'amour et les délices du genre humain (2). « Il ne faut jamais, disait-il entre autres bonnes paroles, qu'on sorte de l'audience d'un souverain avec le cœur mécontent (3). »

Il était aussi beau qu'il était bienveillant. Tacite parle de l'éclat de son visage, *decor oris*, accompagné d'une certaine majesté, *cum quadam majestate*, qui ajoutait encore à la réputation que lui attiraient ses vertus (4). Suétone s'étend avec complaisance sur la personne de Titus : « Il avait, dit-il, des formes distinguées, dans lesquelles on remarquait autant de grâce que de majesté; il avait surtout l'apparence de la vigueur physique (5). » L'historien ajoute « qu'on fit d'après lui, en Germanie et en Bretagne, tandis qu'il était tribun, une multitude de statues et de portraits avec des inscriptions qui attestent ses hauts faits. » Malgré cette circonstance mentionnée par Suétone, les bustes de Titus ne sont pas, de nos jours, très-communs dans les collections d'antiquités, ce qu'il faut attribuer sans doute, dit le judicieux critique du *Musée Clémentin* (6), à la brièveté de son règne et à la jalousie de son successeur. « Titus, au rapport de Suétone, fut pleuré par tous les Romains, comme s'il avait été pour chacun d'eux un membre de leur propre famille », « *non secus ac domestico luctu* ». Le Musée du Capitole possède un buste de Titus. Celui du Louvre a de cet empereur un buste en bronze et une statue en marbre de Paros. Le *Titus* en pied du Musée Campana, trouvé dans la même fouille que sa fille *Julie*, est dans une attitude pleine de dignité, qui rappelle tout à fait cette noble figure historique. Le Titus du Musée Chiaramonti, qui est au Vatican, est moins grand, et, à ce titre, on peut le dire, il est moins important que celui-ci.

Domitien était d'une haute taille; « il avait le teint coloré, les yeux grands; il était, du reste, beau et bien fait. La calvitie et l'obésité le rendirent difforme (7). » C'est le *calvus Nero* de Juvénal et d'Ausone. Tacite le représente comme ayant « un extérieur honnête et beau, et une

---

(1) Les anciens avaient une manière non moins ingénieuse pour indiquer la passion de la musique : c'était de creuser un trou très-profond dans le conduit auditif du personnage qu'ils voulaient désigner comme amateur de l'harmonie. C'est ce qu'on voit dans le *Néron* qui est au Louvre sous le n° 334 et dans un hermès de *Pan* au Musée Britannique.

(2) « Titus, cognomine paterno, amor ac deliciæ generis humani, tantum illi, ad promerendam omnium voluntatem, vel ingenii, vel artis, vel fortunæ superfuit. » SUÉTONE, *Vie de Titus*, ch. I. — EUTROPE, liv. VII, ch. XXI.

(3) « Quin et admonentibus domesticis quasi plura polliceretur quam præstare posset : « Non oportere, » ait « quemquam a sermone principis tristem discedere. » SUÉTONE, *Vie de Titus*, § VIII.

(4) TACITE, *Hist.*, liv. II, ch. I.

(5) « Forma egregia, et cui non minus auctoritatis inesset quam gratiæ, quanquam neque procera statura et ventre paulo projectiore præcipuum robur. » SUÉTONE, *Vie de Titus*, ch. I et III.

(6) VISCONTI, *Mus. Clém.*, t. VI. — *Busti*, p. 59.

(7) « Domitianus statura fuit procera, vultu modesto ruborisque pleno, grandibus oculis... præterea pulcher ac decens; postea calvitio quoque deformis, et obesitate ventris, et crurum gracilitate. » SUÉT., *Vie de Domitien*, § XVIII.

sorte d'embarras qu'on prenait pour de la modestie. » Dans le buste du Capitole, comme dans les médailles et les camées de cet empereur, la calvitie dont parle Suétone ne paraît pas, soit que ses portraits datent de la jeunesse de Domitien, soit que le sculpteur ait craint de l'offenser par trop d'exactitude (1), et cependant on ne saurait la révoquer en doute, car d'autres écrivains la mentionnent. Ainsi Juvénal, comme on vient de le dire, en transmet le souvenir dans des vers bien connus de la quatrième Satire :

> Quum jam semianimum laceraret Flavius orbem
> Ultimus, et *calvo* serviret Roma *Neroni*.

Ausone dit aussi :

> Et Titus imperii felix brevitate secutus
> Frater, quem *calvum* dixit sua Roma *Neronem*.

Suétone parle (2) d'une certaine statue de Domitien qui existait à Rome, et qu'un aigle entoura de ses ailes en poussant des clameurs de joie, pour annoncer la mort de Lucius Antoine, gouverneur rebelle de la haute Germanie. Dion Cassius nous apprend que les statues de Domitien furent fondues pour être transformées en monnaie, et même, dit-on, en ustensiles abjects. On sait que le Sénat lui-même décréta que les images du cruel empereur, qui s'était fait adorer comme un dieu, seraient détruites (3).

Trajan, qui mérita d'être appelé « le meilleur des princes », figure par un buste très-beau dans le Musée Campana. Son visage est un de ceux que les médailles et les monuments antiques ont popularisés. Dion Cassius, Eutrope, Aurélius Victor, nous ont laissé sur cet empereur des détails qui l'ont fait aimer, malgré les excès monstrueux propres au paganisme. Le Musée du Louvre possède plusieurs bustes de cet empereur et trois statues, dont deux surtout sont remarquables. Dans l'une d'elles, Trajan marche pieds nus, comme il avait coutume de le faire à la tête de ses troupes. Le buste du Musée Campana est d'une ressemblance parfaite.

Adrien fut, chez les Romains, le protecteur des arts, le souverain-artiste, comme notre François Ier, auquel il ressemble par le profil. Aurelius Victor dit de lui (4) « qu'il était peintre, modeleur en bronze et en marbre, et qu'il approchait des Polyclète et des Euphranor; qu'il avait enrégimenté, à l'instar de ses légions militaires, toute une armée d'ouvriers arpenteurs et d'architectes, soit pour la construction, soit pour la décoration des villes. » Pausanias nous

(1) « Calvitio ita offendebatur ut in contumeliam suam traheret si cui alii joco vel jurgio objectaretur. » Suétone, *Vie de Domitien*, § XVIII.

(2) « Statuam ejus Romæ insignis aquila circumplexa pennis, clangores lætissimos edidit. Paulo post, occisum Antonium vulgatum est. » Suétone, *Vie de Domitien*, § VI.

(3) Une inscription grecque mentionne une statue de Domitien qu'un certain Aristide et ses enfants lui élevèrent, à leurs frais, à Thèbes, sur la grande place auprès de la Fontaine publique, σὺν τοῖς τέκνοις, ἐκ τῶν ἰδίων. (Boeckh, *Corp. Inscr. gr.*, t. 1, n° 1611.

(4) « Pictor, fictor ex ære vel marmore proxime Polycletos et Euphranoras, ad specimen legionum militarium, fabros, perpendiculatores, architectos, genusque cunctum exstruendorum mœnium, seu decorandorum, in cohortes centuriaverat. » Aurelius Victor, *Epitome*, ch. XIV. — Dion Cassius en dit autant : « Ἔπλασε καὶ ἔγραψε. » (*Hist. rom.*, liv. LXIX.)

apprend que les Athéniens, outre la statue du Céramique et celle du Temple de tous les Dieux, avaient élevé à Adrien, dans le Temple de Jupiter Olympien, qu'il avait lui-même achevé, quatre statues dont deux en marbre de Thasos et deux en marbre d'Égypte. Pausanias ajoute que chaque ville voulut avoir des effigies de ce prince. Les Athéniens, non contents de le récompenser par tant d'honneurs, lui érigèrent encore une statue colossale, « placée dans la partie septentrionale du Temple, dit Pausanias, et qui mérite d'être vue (1). » Ces faits sont confirmés par Dion Cassius, qui rapporte « qu'Adrien acheva à Athènes le temple de Jupiter Olympien, dans lequel sa statue fut posée (2). » Pausanias rapporte que ces statues d'Adrien avaient la tête, les mains et les pieds en marbre blanc. « Il était de grande taille et bien fait, dit Spartien; il avait des cheveux qui se prêtaient aux caprices du peigne, ainsi qu'une longue barbe qui cachait quelques cicatrices naturelles qu'il avait au visage. Son corps était, du reste, robuste (3). » Dion Cassius (4) nous apprend en effet que, contrairement à la mode adoptée par ses prédécesseurs, Adrien porta le premier la barbe longue.

On connaît le beau buste du Musée Clémentin (5), que Visconti mettait au-dessus de la tête colossale du palais Borghèse, tant vantée par Winckelmann (6). Le Musée du Capitole (7) en compte jusqu'à cinq, dont deux en bronze et trois très-remarquables en marbre. Le Musée du Louvre a d'Adrien une statue en marbre grec et une tête en marbre pentélique, toutes deux trouvees dans les ruines de Gabies.

Le nom d'*Antinoüs* est inséparable de celui d'Adrien. Le jeune Bithynien qui voulut mourir pour son maître, et que celui-ci divinisa après sa mort, est la réalisation la plus admirable de la beauté physique dans la jeunesse, avec un mélange sensible de matérialité. Rien pourtant n'est plus idéal, si l'on peut dire, que ce type d'Antinoüs, quoiqu'il touche à la terre par plus d'un côté. On sait que le lieu voisin de sa mort devint une ville qui prit le nom d'*Antinoë* et qu'un des *nomes* ou départements de l'Égypte fut appelé *Antinoïte*. Des statues lui furent érigées; des temples s'élevèrent même en l'honneur de l'esclave regretté.

Les statues et les bustes d'Antinoüs, qui ornent aujourd'hui les Musées, sont généralement d'une rare splendeur (8). Il n'est pas jusqu'à l'Antinoüs sous figure égyptienne qui n'ait fourni

(1) « Πρὶν δὲ ἐς τὸ ἱερὸν ἰέναι τοῦ Διὸς τοῦ Ὀλυμπίου · Ἀδριανὸς ὁ Ῥωμαίων βασιλεὺς τόν τε ναὸν ἀνέθηκε... Ἐνταῦθα εἰκόνες Ἀδριανοῦ δύο μέν εἰσι Θασίου λίθου, δύο δὲ Αἰγυπτίου. Ἀπὸ γὰρ πόλεως ἑκάστης εἰκὼν Ἀδριανοῦ βασιλέως ἀνάκειται, καὶ σφᾶς ὑπερεβάλοντο Ἀθηναῖοι, τὸν κολοσσὸν ἀναθέντες ὄπισθε τοῦ ναοῦ θέας ἄξιον. » PAUSANIAS, liv. I, ch. XVIII.

(2) « Ἀδριανὸς δὲ τό τε Ὀλύμπιον τὸ ἐν ταῖς Ἀθήναις, ἐν ᾧ καὶ αὐτὸς ἵδρυται ἐποίησε. » DION CASSIUS, *Hist. rom.*, liv. LXIX.

(3) Id., liv. LXVIII, p. 777.

(4) *Mus. Clém.*, t. II, p. 96 ; t. VI, p. 60. — *Mus. Cap.*, t. II, p. 29. — *British Museum*, t. III, p. 8, 15.

(5) « Statura fuit procerus, forma comptus, flexo ad pectinem capillo, promissa barba, ut vulnera naturalia tegeret : habitudine robusta. » SPARTIEN, *Hist. Aug.*, *Vie d'Adrien*, § XXIV.

(6) WINCKELMANN, *Histoire de l'Art*, liv. XII, ch. I, § XXII. — Voy. *Mus. Capitol.*, t. II, pl. 33, 34. — *Museo Borbonico*, t. V, pl. 24.

(7) *Descript. du Mus. des Ant. du Louvre*, nᵒˢ 276 et 317. — *Monum. Gab.*, nᵒˢ 1 et 29.

(8) Voyez *Mus. Clém.*, t. VI, pl. 47. — *Mus. Cap.*, t. II, pl. 35 ; t. III, pl. 115. — *Mus. du Louvre*, nᵒˢ 49, 126, 258, 302, 364. — *Mus. Borbon.*, t. VI, pl. 58.

à l'art un impérissable chef-d'œuvre : je veux parler de l'Antinoüs égyptien qui est au Vatican, l'une des plus étonnantes productions de la statuaire. Dans ce morceau unique, la ligne d'ordinaire inflexible de la figure des Dieux d'Egypte serpente et ondule avec une grâce infinie, selon toutes les traditions délicates de l'art grec le plus pur, quoique cependant la statue conserve parfaitement le caractère égyptien. L'*Antinoüs* du Musée Campana, qui a dû être une statue polychrome, au moins pour la coiffure, qui sans doute était d'un métal précieux, peut rivaliser hautement avec l'*Antinoüs* si renommé du Musée du Latran, à Rome, qui faisait autrefois partie du Musée Braschi.

Il semble que le règne d'Adrien ait été le dernier effort de la matérialité païenne. Le même empereur qui élevait des statues et des temples à l'un de ses favoris infâmes, inaugurait un *Jupiter* sur le Saint-Sépulcre et souillait la Crèche de Bethléhem par le culte d'Adonis, qui n'était autre que l'Osiris des Égyptiens. On sait qu'Adrien réédifia Jérusalem sous le nom d'*Ælia Capitolina*. Ce fut alors que le vieux monde, qui s'écroulait, fut témoin de ces hautes profanations impériales, dont la postérité lit avec étonnement le récit. On vit Adrien élever une idole de Jupiter sur le Saint-Sépulcre et une statue en marbre de Vénus sur le Calvaire lui-même. Tout cela dura près de deux siècles. Un bois fut planté sur l'emplacement de Bethléhem, on le consacra à Adonis, et, selon l'expression de saint Jérôme, « dans cette étable où le Christ enfant avait jeté ses premiers vagissements, l'amant de Vénus fit entendre ses soupirs amoureux » (1).

Aussitôt que Constantin, vainqueur de Maxence, fut le maître du monde, sa vieille mère, la pieuse Hélène, quoique âgée de quatre-vingts ans, voulut aller elle-même abattre le temple qui contenait le Jupiter des païens et arracher de ses mains vénérables la statue de Vénus qui déshonorait le Calvaire. La destinée réservait cette noble revanche au spiritualisme contre les profanations bestiales d'Adrien. On sait que c'est dans les fondements du temple de Jupiter qu'on retrouva les trois Croix et les instruments du Supplice divin, les plus nobles reliques de l'histoire. La glorieuse mère de Constantin laissa à Jérusalem une de ces croix, offrit la seconde à l'église de Saint-Pierre, et voulut élever à Rome une basilique spéciale pour recevoir la troisième : c'est cette église qui, édifiée sur les ruines des jardins d'Héliogabale, est aujourd'hui l'église de la *Sainte-Croix en Jérusalem*.

Antonin le Pieux se distingua sur le trône impérial par ses vertus. Il avait une stature élevée. « *Fuit statura elevata decorus* », dit Julius Capitolinus (2).

Le Musée du Louvre possède un buste colossal d'Antonin le Pieux, en marbre de Paros, d'une grande vérité d'aspect.

La demi-figure qui appartient au Musée Campana est traitée avec une rare finesse d'exécution, et la tête est du plus beau caractère.

---

(1) « Ab Adriani temporibus usque ad imperium Constantini, per annos circiter centum octoginta, in loco Resurrectionis simulacrum Jovis, in Crucis rupe, statua ex marmore Veneris a gentibus posita colebatur, existimantibus persecutionis actoribus quia tollerent nobis fidem Resurrectionis et Crucis, si loca sancta per idola polluissent..... Bethlehem nunc nostram lucus inumbrabat Thamus, id est Adonidis, et, in specu, ubi quondam Christus parvulus vagiit, Veneris amasius plangebatur. » (SAINT JÉRÔME, *Ad Paulinum*, p. 102. Édit. de 1537.)

(2) JULIUS CAPITOLINUS, *Hist. Aug.*, *Vie d'Antonin le Pieux*, § XIII.

Marc Aurèle est un des empereurs dont on rencontre le plus d'effigies : quoique son temps approche de la décadence, ses bustes, comme ceux de Lucius Vérus, avec lequel il a une certaine analogie, sont, en général, de bons ouvrages. Tout le monde connaît le magnifique buste colossal de Lucius Vérus, qui est au Louvre, chef-d'œuvre d'exécution pour la barbe et les cheveux. Un historien (1) nous apprend que « celui-là aurait été réputé sacrilége qui n'aurait pas possédé dans sa maison un portrait de Marc Aurèle, » et il ajoute que, de son temps, « les bustes de cet empereur furent placés au rang des Dieux Lares. » Le Musée Clémentin et celui du Capitole (2) en ont des bustes très-beaux. Marc Aurèle avait une statue qui lui avait été élevée à Athènes par les Apolloniates de Cyrène, ainsi que l'indique une inscription grecque trouvée sur un piédestal dans les ruines d'un temple de Cérès (3).

Comme Louis XIV et comme Napoléon, Marc Aurèle était né grave. Aurélius Victor dit à propos de ce prince, qu'on a pu appeler un *philosophe couronné,* « qu'il avait l'âme si sereine, que, depuis sa naissance, ni la joie, ni la tristesse ne changèrent ses traits (4). » Julius Capitolinus ajoute qu'il était sérieux dès le commencement de sa vie, et que l'esprit philosophique lui avait donné un visage impassible, ce qui ne le faisait cependant jamais descendre jusqu'à l'absence de politesse. « Étant enfant, dit le même annaliste, il avait un tel sentiment des convenances qu'il avertissait ses maîtres du ton arrogant qu'il leur arrivait de prendre (5). »

La statue d'*Annius Vérus,* trouvée auprès de Lanuvium, porte sur la poitrine la bulle d'or dévolue aux enfants nobles; pour les enfants des affranchis, elle était en cuir. Cette bulle, dans laquelle on mettait des amulettes (6), servait à indiquer l'âge pendant lequel ces enfants n'avaient encore aucune carrière; on la quittait à quatorze ans.

C'est ce qui fait dire à Properce, au sujet de cette coutume :

> Mox ubi bulla rudi demissa est aurea collo,
> Matris et ante Deos libera sumpta toga.
>
> *Élég.,* liv. IV, 1.

Perse exprime la même idée :

> Quum primum pavido custos mihi purpura cessit,
> Bullaque succinctis laribus donata pependit.
>
> *Sat. V.*

(1) « Sacrilegus judicatus est qui ejus imaginem in sua domo non habuit..... Sua ætate quique statuas hujus imperatoris a multis collocatus inter Deos penates. » Jul. Capitol., *Vie de Marc Aurèle,* ch. xviii.

(2) *Mus. Clém.,* t. VI, p. 64. — *Mus. Capit.,* t. II, p. 33.

(3) Bœckh en cite une autre placée à Mégare, dans la rue qui conduit à la mer, et qui était commune à Marc Aurèle et à Lucius Vérus (*Corp. Inscr. gr.,* t. I, nᵒˢ 351 et 1074). Lucius Vérus, seul, en avait une à Messène (Ibid., nᵒ 1318).

(4) « A principio vitæ tranquillissimus, adeo ut ab infantia vultum nec ex gaudio nec ex mœrore mutaverit. » Aurelius Victor, *Epit.,* p. 207.

(5) « Fuit a prima infantia gravis... philosophia serium et gravem reddidit, non prorsus abolita in eo comitate... Existimationis tantam curam habuit, ut puer procuratores suos semper moneret, ne quid arrogantius facerent. » (Id. ibid., ch. vii.)

(6) « Inclusis intra eam remediis, quæ crederent adversus invidiam valentissima. » Macrobe, *Sat.,* ch. vi. — Voy. *Mus. Florent.,* Statues, pl. 91 (*Puer nobilis cum bulla*). — On remarque, au Louvre, devant la statue d'Auguste, deux petites statues d'enfant avec la bulle au cou. Le Musée de Naples possède aussi deux statues analogues, dont j'ai parlé plus haut, et qu'on indique comme étant *Néron* et *Britannicus.* (*Mus. Borbon.,* t. VII, pl. 69.)

Le fils de Marc Aurèle et de Faustine étant mort à cinq ans, on n'a guère qu'un très-petit nombre de médailles d'Annius Vérus, où il est représenté, avec son frère Commode au revers. L'exécution de cette statue est remarquable et la tête est particulièrement belle (1).

Les portraits de *Lucius Vérus* ont, dans les grands Musées de l'Europe, une physionomie toute particulière qui frappe le visiteur le moins familiarisé avec la statuaire antique. Ce front couvert par des cheveux très-frisés et très-abondants qui descendent presque à la ligne des sourcils, cette chevelure et cette barbe si luxuriantes et si vivement sculptées, font reconnaître tout d'abord ce Lucius Vérus qui fut, dit Julius Capitolinus, « amateur de la chasse, de la lutte et de tous les exercices de la jeunesse (2). » On remarque, en effet, dans cette tête si extraordinairement, si richement ornée et dans cette robuste nature, les caractères physiques d'un Hippolyte ou d'un Héliogabale, dont la vie se passe, soit au fond des forêts, soit au sein des plaisirs. Ce qu'il y a de particulièrement intéressant, c'est que le Musée Campana possède des bustes de chacun de ces deux derniers princes, Marc Aurèle et Lucius Vérus, à la fois dans leur jeunesse et dans leur virilité.

Commode, dont la figure avec son caractère si connu, est devenue un des types de la statuaire impériale, est représenté jeune dans le buste du Musée Campana. Lampride trace du fils indigne de Marc Aurèle un portrait dans lequel il le peint en peu de mots : « Il avait, dit-il, cette physionomie effarée propre aux ivrognes (3). » En effet, avec les années, ce visage s'élargira et restera ainsi, à côté de la tête de Vitellius, comme le masque de la bestialité païenne, dans l'histoire de la Rome des Empereurs. On cite de lui une statue à Ambrosse, en Grèce (4). Le buste du Musée Campana est d'une vérité tout historique.

Le règne de *Pertinax* ayant été de courte durée, ses portraits ne sont pas communs. « Il avait, dit Julius Capitolinus, un air vénérable, la barbe longue, les cheveux frisés, beaucoup d'embonpoint et la taille impériale (5). » Le Musée Clémentin possède de lui un buste. Celui du Musée Campana, qui est colossal comme la stature même de Pertinax, emprunte de sa beauté d'exécution un prix particulier.

Clodius Albinus, général des armées romaines sous Marc Aurèle et Commode, fut proclamé empereur en même temps que Septime Sévère; mais il ne lui disputa pas longtemps l'empire, auquel Sévère ne l'avait associé qu'à regret (6). Après une défaite auprès de Lyon, il fut tué.

---

(1) Voyez la *Description de la collection de M. de Choiseul-Gouffier*, par MM. HASE et DUBOIS ; — les *Lettres* du P. PACIAUDI, p. 3 ; — le *Musée de Mantoue*, par LABUS ; — la *Description du Musée du Louvre*, p. 6, 64, 66 ; — le *Musée Clémentin*, t. II, p. 97 ; t. III, p. 10, et t. VI, p. 65 ; — le *Museo Borbonico*, t. IV, pl. 23, etc., etc.

(2) « Amavit venatus, palæstras et omnia exercitia juventutis. » JULIUS CAPITOLINUS, *Vie de Lucius Vérus*, § II.

(3) « Vultu insubido, ut ebriosi solent. » *Hist. Aug.*, *Vie de Commode Antonin*, § XVIII. — Voy. *Mon. Gab.*, 18. — *Mus. du Louvre*, p. 75 et 168.

(4) Bœckh donne l'inscription trouvée sur la base de cette statue. (*Corp. Inscr. gr.*, t. I, n° 1736.)

(5) « Fuit autem senex venerabilis; immissa barba, reflexo capillo, habitudine corporis pinguiore, statura imperatoria. » (JULIUS CAPITOLINUS, *Hist. Aug.*, XII.) — Voy. *Mus. Clém.*, t. VI, pl. 52 ; — *Mus. du Louvre*, p. 174.

(6) Voyez à ce sujet, à l'occasion d'une inscription trouvée de nos jours à Constantine, en Afrique, les *Mélanges d'Épigraphie*, de M. LÉON RÉNIER (in-8°, Didot, 1854, p. 151, 179).

Ses effigies ne se rencontrent donc pas fréquemment. Julius Capitolinus nous a transmis son portrait. Il dit « qu'il était beau de taille, que ses cheveux étaient bouclés et crépus, son front large, son teint d'une blancheur surprenante, ce qui lui avait valu le surnom d'*Albinus* (1). » Le buste du Musée Campana fait bien revivre le caractère de bravoure héroïque qu'on prête au rival malheureux de Septime Sévère.

Quoique l'art déclinât vers la décadence au temps de *Septime Sévère*, ainsi que le démontrent les sculptures de l'Arc de triomphe qui porte son nom à Rome, il n'en est pas moins vrai que, nonobstant ce fait irrécusable, on rencontre, surtout parmi les bustes de cette époque, comme sous Marc Aurèle, des œuvres d'un grand mérite. Ses bustes et ceux de sa famille sont en général remarquables. Tel est celui du Musée Campana qui, comme celui de Pertinax, est colossal. « Septime Sévère était beau, au dire de Spartien : il était grand; il avait une longue barbe, la tête blanche et crépue, et le visage imposant (2). » Il eut des statues en Grèce, en Laconie, ainsi qu'auprès de Thespies. Le *Septime Sévère* du Musée Campana se recommande par la fidélité du portrait, la beauté de l'exécution et par cet aspect grandiose propre au genre colossal.

On sait que *Caracalla* avait un visage qu'il se plaisait à rendre terrible, à l'exemple de Caligula; ce masque odieux prêtait singulièrement à la sculpture. Le beau buste de Caracalla de la collection Farnèse, dont une admirable réplique a été gravée dans le *Musée Clémentin* (3), est depuis longtemps l'objet d'une admiration universelle. On a dit avec raison de ce buste qu'il était « *le dernier soupir de l'art* ». Le buste du Musée Campana est plus colossal et peut-être mieux conservé encore que celui du Vatican. Caracalla aussi voulait imiter Alexandre, et il alla même plus loin dans cette voie que son émule Caligula. Comme lui, il prétendait ressembler physiquement au héros macédonien; comme lui, il portait la tête à gauche; mais, de plus que lui, il se fit appeler Alexandre le Grand (4). Il alla même, au dire d'Hérodien, jusqu'à faire peindre des figures à deux visages qui représentaient d'un côté le sien, et de l'autre celui d'Alexandre (5). Il eut, lui aussi, des statues en Grèce, en Laconie, à Trézène, à Thèbes.

C'est de lui qu'un historien a dit « qu'il fut le plus dur des hommes, parricide, incestueux, ennemi de son père, de sa mère et de son frère (6). » Tous ces crimes semblent se lire sur ce visage aux angles grossiers, au regard stupide.

(1) « Fuit statura procerus, capillo renodi et crispo, fronte lata, et candore mirabilis; et ex eo nomen accepit. » JUL. CAPIT., *Hist. Aug.*, § XIII. — Voy. *Mus. des ant. du Louvre*, t. II; — *Mus. Clém.*, t. III, p. 11; — *Mus. Cap.*, t. II, p. 40.

(2) « Ipse decorus, ipse ingens, promissa barba, cano capite et crispo, vultu reverendus. » Id., ibid., § XIX. — Voy. *Mus. du Louvre*, p. 48, 51, 65, 152; — *Mus. Cap.*, t. II, p. 41; — *Mon. Gab.*, p. 37. — BŒCKH, *Corp. Inscr.*, 1215, 1618.

(3) *Mus. Clém.*, t. VI, p. 69, pl. 55. — *Mus. du Louvre*, p. 31, 72, 133. — *Mus. Borbon.*, t. V, pl. 25.

(4) « Corpore Alexandri Macedonis conspecto, Magnum, atque Alexandrum se jussit appellari, adsentantium fallaciis eo perductus, ut truci fronte, et *ad lævum humerum conversa cervice*, quod in ore Alexandri notaverat, incedens, fidem vultus simillimi persuaderet sibi. » AURELIUS VICTOR, *Epitome*, ch. XXI.

(5) « Vidimus item imagines nonnullas ridicule depictas quæ uno corpore duas facies præferrent Alexandri atque Antonini. » (HÉROD., *Vie de Carac.*, liv. IV, ch. XIII.) — Voy. BŒCKH, *Corp. Inscr. gr.*, 1185, 1321-1619.

(6) « Omnium durissimus, parricida et incestus, patris et matris et fratris inimicus. » ÆLIUS SPART., *Hist. Aug.*, XI.

Telle est la série des bustes et des statues du cycle impérial. Nous avons dû nous arrêter ici, parce qu'il fallait s'arrêter quelque part; mais le Musée Campana en possède encore beaucoup d'autres et d'un grand intérêt, au double point de vue de l'histoire et de l'art.

Ce serait une grave erreur de croire que les empereurs romains qui ont étonné le monde par le scandale de leurs crimes, et dont nous venons, avec Tacite et Suétone à la main, d'étudier la physionomie d'après leurs marbres, fussent nés criminels et qu'ils portassent, par conséquent, sur leur figure le masque visible de leurs forfaits à venir. On arrive trop souvent dans les Musées antiques avec cette pensée préconçue qu'on va reconnaître, dès l'abord, et seulement en voyant leur visage, les Tibère, les Néron, les Domitien : cette pensée est contraire à tous les témoignages de l'histoire, comme à l'examen sérieux des physionomies impériales. Si nous consultons l'histoire des empereurs, elle nous apprend qu'il n'en est pas un, parmi les plus mauvais, qui ait commencé tout d'abord par faire le mal. C'est ce que prouvent la vie de Tibère, celles de Caligula, de Claude, de Néron, de Domitien, de Caracalla, etc. On connaît la célèbre et éloquente transition de Suétone dans la vie de Caligula. Après avoir raconté les vertus de sa jeunesse, il aborde le récit de ses crimes. « Jusqu'ici, dit-il, j'ai parlé d'un prince, maintenant je vais parler d'un monstre (1). » Cette transition si nette peut s'appliquer, ainsi qu'on va le voir, à la vie de tous les empereurs qui ont laissé derrière eux une réputation terrible.

Tibère, comme on le sait, eut les commencements d'un prince exemplaire : nous ne nous étendrons pas longuement sur ce sujet. Velléius Paterculus dit de lui que dans sa jeunesse il se faisait remarquer « par *les meilleurs penchants* et par *le plus grand cœur* (2). » — « Tibère eut, dit Tacite, des mœurs très-différentes, selon les époques diverses de sa vie. *Rien de plus louable que sa conduite et de plus pur que sa renommée*, tant qu'il fut simple particulier ou placé dans les commandements par Auguste : assemblage de bien et de mal, cruel à l'excès, il se plongea enfin dans le crime et la bassesse, *lorsqu'il se laissa aller à tous ses penchants sans pudeur, sans crainte* (3). » Tacite nous apprend encore que Caligula, en montant sur le trône, s'appliqua à réaliser l'espoir qu'on avait conçu de lui. « Il rendit les plus grands honneurs aux restes de son père et de sa mère, dit Suétone, et il voulut qu'on attribuât le nom de Germanicus, son père, au mois de Septembre. On donna le nom de *Palilies* au jour de son avénement, comme pour célébrer *une seconde fois* la fondation de Rome. Il tomba malade, et quand il revint à la santé, Rome remercia le ciel d'avoir sauvé le fils de Germanicus (4). »

Claude commença de même : le sévère Tacite en convient. Les premiers temps de son règne donnèrent de grandes espérances. Protecteur des lois, il introduisit d'utiles réformes dans le

---

(1) « Hactenus quasi de principe, reliqua ut de monstro narranda sunt. » (Suétone, *Vie de Caligula*, § xxii.

(2) « Fuit juvenis optimis studiis, maximoque ingenio instructissimus. » (Vell. Paterc., liv. II, ch. xcxiv).

(3) « Egregium vita, famaque, quoad privatus, vel in imperiis sub Augusto fuit, inter bona malaque mixtus, postremo in scelera simul ac dedecora prorupit, postquam, *remoto pudore et metu,* suo tantum ingenio utebatur. » Tacite, *Ann.*, liv. VI, § li.

(4) Suétone, *Vie de Caligula*, §§ xv, xvi.

culte des dieux et dans le Sénat (1). « Claude, dit Eutrope, gouverna tantôt bien, tantôt mal :
si dans quelques occasions il montra de la cruauté et de la folie, dans plusieurs il fit preuve
de douceur et de modération (2). » Mais bientôt les passions se déchaînant et se combinant
avec la faiblesse, il est gouverné par des affranchis et par des femmes.

Néron est une des figures historiques qui ont été le plus étudiées, et, pour ma part, je ne me
suis jamais trouvé en face d'un de ses bustes sans l'examiner avec soin. Comment un homme,
à quelques égards intelligent, orateur et lettré, amoureux des arts et du théâtre, élevé par
des philosophes, qui fut durant un certain temps un souverain juste, doux et humain, est-il
devenu, par une transition insensible, un monstre horrible à lui-même et aux autres? C'est un
problème qui m'a toujours semblé digne d'appeler l'attention de quiconque médite. L'histoire
nous apprend, en effet, que Néron, sous la tutelle de Burrhus et de Sénèque, ne montra *que
des sentiments de bonté, de justice,* de grandeur, et même *de sensibilité.* Il répondit un jour à
quelqu'un qui lui présentait à signer la sentence d'un condamné : « *Je voudrais ne pas savoir
écrire.* » Et ce même homme empoisonnera son frère, tuera sa femme d'un coup de pied, fera
mourir Sénèque son précepteur, un grand écrivain, et Lucain, son ami, un grand poëte; il
fera assassiner sa mère et finira par se tuer lui-même.

« Domitien, dit Suétone, avait dans ses premières années *une telle horreur pour le sang,* que,
s'étant rappelé un jour ce vers de Virgile :

Impia quam cæsis gens est epulata juvencis.

il résolut de défendre « qu'on immolât désormais des animaux. »

« Caracalla, dit Spartien, fut, dans son enfance, *doux de caractère,* intelligent, plein
d'affection pour ses parents et de prévenance pour leurs amis, agréable au peuple, cher au
Sénat, doué enfin *de toutes les qualités qui méritent l'amour des hommes.* Il montra beaucoup de
goût pour l'étude, *d'ardeur pour le bien,* de générosité dans ses dons, de penchant à la clémence.
Voyait-il des criminels exposés aux bêtes, *il pleurait* ou détournait les yeux, ce qui le rendit on
ne peut plus cher au peuple. Mais on le vit plus tard, dans l'espoir de ressembler à Alexandre
le Grand, devenir sévère et se donner même un air dur, au point que ceux qui l'avaient vu
enfant ne pouvaient plus le reconnaître » (3).

Si l'on consulte maintenant le portrait physique laissé par les historiens de ces mêmes
empereurs, on trouve que Tibère, au rapport de Suétone, était d'une figure honnête, *facie*

---

(1) TACITE, *Ann.*, liv. XI, 26, 38. — SUÉTONE, *Vie de Claude.*
(2) EUTROPE, *Breviarium Rerum Romanarum,* liv. VII, ch. XIII.
(3) « Hujus pueritia blanda, ingeniosa, parentibus affabilis, amicis parentum jucunda, populo accepta, grata
senatui, ipsi etiam ad amorem conciliandum salutaris. Non ille in litteris tardus, non in benevolentiis segnis,
non tenax in largitate, non lentus in clementia denique, si quando feris objectos damnatos vidit, flevit aut oculos
avertit, quod populo plus quam amabile fuit... Egressus vero pueritiam, quod se Alexandro Magno Macedoni
æquandum putabat, restrictior, gravior, vultu etiam truculentior factus est, prorsus ut eum quem puerum scirent,
multi esse non crederent. » SPARTIEN, *Hist. Aug., Vie d'Antonin Caracalla,* § I et II.

honesta. Néron était beau, *vultu pulchro*. Tacite (1) nous a conservé cette particularité que Domitien avait un extérieur *honnête et beau*, et un embarras qu'on prenait pour de la modestie. « Il connaissait si bien, dit Suétone (2), l'air de modestie qui était peint sur son visage, et le parti qu'il pouvait en tirer, qu'il disait au Sénat : « Certes, jusqu'à présent, j'ai su mériter vos suffrages par mon caractère *et ma physionomie.* » Restent Caligula et Caracalla; mais l'un et l'autre, au rapport de leurs historiens, *s'étudiaient* à rendre leur visage *terrible*, en se grimant, à cet effet, devant un miroir. Soit dans l'histoire, soit dans l'examen de leurs masques, les empereurs romains n'avaient donc physiquement rien que d'ordinaire. Le marbre confirme, de tout point, les déclarations de l'histoire. Et c'est, on peut le dire, ce qui fait le côté faible et l'absurdité relative des systèmes absolus des phrénologues. Sans doute on ne peut nier qu'il n'y ait certains traits physiques qui attestent des prédispositions aux passions vers lesquelles les hommes peuvent être enclins; et d'après ces données, l'on peut, à un moment donné, pressentir ces passions, en examinant la physionomie d'un personnage ou ses bustes. Les grands observateurs ont même remarqué, comme l'indique très-bien Juvénal, que le visage lui-même se modifie, selon les positions de l'homme, selon sa fortune bonne ou mauvaise, selon ses habitudes : « *Sumit indè habitum facies.* » Mais il y a loin de là à condamner un homme au crime dès sa naissance, parce qu'il a le crâne ou l'ossature du visage conformés de telle ou telle façon (3). En raisonnant ainsi, on arrive de l'absolu à l'absurde. Il faut le redire, à l'honneur de l'humanité : non, la nature n'est pas aussi prodigue de monstres, et les Néron, les Caligula, les Domitien ne sont devenus criminels qu'à la longue, et ils le sont devenus non parce qu'ils étaient despotes, mais parce qu'ils étaient païens, c'est-à-dire parce qu'ils ne trouvaient pas en eux, dans leur conscience, dans leur religion, un contre-poids au despotisme dont ils étaient investis. On a vu de nos jours, et on voit encore, des souverains absolus qui disposent d'un pouvoir encore plus étendu peut-être que celui des empereurs romains, et ils en usent, à de très-rares exceptions près, pour le bien de leur pays. Ils ne se laissent pas entraîner aux excès de la puissance. Pourquoi ? — parce qu'ils sont chrétiens et qu'ils ont en eux la conscience chrétienne, c'est parce qu'ils ont cette conscience non-seulement en eux, mais encore autour d'eux, dans cette atmosphère de civilisation morale qui est l'atmosphère même des sociétés chrétiennes. C'est ainsi qu'il faut voir et comprendre l'histoire, parce que là est la vérité. De nos jours un souverain, tout absolu qu'il soit, trouve dans les principes mêmes du

---

(1) « Decorus habitu, oris ejus confusio pro modestia accipiebatur. » TACITE, *Hist.*, liv. IV, ch. IV.

(2) « Fuit Domitianus vultu modesto.... Commendari se verecundia oris adeo sentiebat, ut apud senatum sic quondam jactaverit : « Usque adhuc certe animum meum probastis et vultum. » SUÉTONE, *Vie de Domitien*, XVIII.

(3) Le masque humain est le plus beau champ d'étude qui puisse être offert au ciseau du sculpteur, aussi bien qu'au regard de l'observateur; c'est pour cela précisément qu'il faut prendre garde aux mécomptes que peut présenter une telle étude. L'un des exemples les plus frappants de la possibilité d'une erreur en ce genre est le beau buste d'Agrippa placé au Louvre sous le n° 196. A voir ce visage sévère, ce regard assombri par des arcades sourcilières proéminentes, on croirait que c'est le visage d'un homme dur, barbare, et pourtant c'est tout simplement le buste de cet Agrippa, gendre d'Auguste, qui n'eut dans le caractère rien de cruel ni même de sévère, ainsi que l'attestent Tacite, Pline, Dion, Velleius Paterculus.

christianisme et des sociétés chrétiennes cette force morale, qui le contient et qui est, pour lui comme pour tous, une barrière infranchissable.

Un Tibère, fils adoptif du grave Auguste; un Caligula, fils du noble Germanicus; un Néron, élève de Sénèque et de Burrhus; un Domitien, frère du bienveillant Titus; un Commode, fils du sage Marc Aurèle, ne pouvaient entrer de plain-pied et sans transition dans le crime, ce qui serait contraire à la nature humaine (1). Il est, nous le croyons, plus juste, et plus conforme à la fois à la raison et à l'histoire, de reconnaître que ces hommes fameux, d'une célébrité si redoutable, ont subi pendant quelque temps l'empire de la vertu, retenus un moment sur la pente du crime, soit par l'influence de leurs conseillers, soit par la bonne réputation de leurs prédécesseurs (2). Le pouvoir absolu dont ils disposaient devenait plus tard l'écueil de leur gloire.

(1) La civilisation romaine, sous les Empereurs, était déjà tellement avancée, que les Tibère et les Domitien cachaient leurs crimes et défendaient qu'on en parlât dans les journaux, « ἐς τὰ ὑπομνήματα. ».(DION CASSIUS, LVII, 21.) — Il n'y a que Commode, seul, qui ait osé s'en vanter. « Commode, dit M. Jos.-Vict. Le Clerc, alla jusqu'à se faire un plaisir insolent de raconter dans le Journal de Rome toutes ses cruautés et toutes ses infamies. » (*Des journaux chez les Romains*, p. 190.) Voici ce que rapporte à ce sujet Lampride, d'après l'autorité de Marius Maximus : « Habuit praeterea morem, ut omnia quae turpiter, quae impure, quae crudeliter, quae gladiatorie, quae lenonice faceret, actis urbis indi juberet, ut Marii Maximi scripta testantur. » (LAMPRIDE, *Vie de Commode Antonin*, XV.) — L'histoire nous apprend que les Empereurs romains s'arrêtèrent avec hésitation dans leurs cruautés, surtout lorsque leur apparut le christianisme naissant. Leur main tremblait, lorsqu'ils étaient réduits à infliger aux chrétiens des châtiments ou des supplices. On voit cette hésitation se perpétuer successivement dans les actes des Trajan, des Adrien, des Antonin, des Marc-Aurèle, des Sévère. C'est ainsi que Trajan dit à Pline le Jeune, gouverneur de la Bithynie, dans sa réponse fameuse : « de ne pas rechercher les chrétiens. » Pline, en effet, vaincu par la force de la vérité, avait écrit à l'Empereur : « Ces chrétiens ont coutume de s'assembler et de dire un cantique en l'honneur du Christ comme d'un Dieu; ils s'obligent par serment, non à un crime, mais à ne commettre ni l'homicide, ni le vol, ni l'adultère, à ne point manquer à leur parole, à ne point dénier un dépôt. » (PLINE LE JEUNE, liv. X, ép. XCVII.) — Marc Aurèle, à son tour, quoique stoïcien, rendit, lui aussi, ce curieux édit : « Si un chrétien est attaqué comme chrétien, que l'accusé soit renvoyé absous, quand même il serait convaincu d'être chrétien, et que l'accusateur soit poursuivi. » (EUSÈBE, *Hist. Eccles.*, III, ch. XXXIII.) Adrien lui-même écrivait à Minutius Fondatus, proconsul d'Asie : « Si quelqu'un accuse les chrétiens et prouve qu'ils font quelque chose contre les lois, jugez-les selon la faute; s'ils sont calomniés, punissez le calomniateur. » (EUSÈBE, *Hist.*, liv. IV, ch. VIII et IX.) — Sous Antonin, Justin, philosophe chrétien, publie sa première Apologie adressée à l'Empereur; il parle des mystères sans déguisement, et il n'est pas persécuté. C'est cet éloquent saint Justin qui adressait à ses auditeurs cette noble et véhémente objurgation, si touchante par sa simplicité, sa sincérité et sa grandeur : « Recevez une doctrine toute divine, qui forme des hommes à l'esprit immatériel, qui exalte vers le ciel ceux qu'elle détache de la terre, qui guérit les passions, réforme et purifie le cœur. Voilà ce qui m'a fait changer : venez avec moi, apprenez ce que j'ai appris, et, puisque j'ai été ce que vous êtes, ne désespérez pas de devenir un jour ce que je suis. » (SAINT JUSTIN, *Exhortatio ad Gentes*.) — L'empereur Alexandre Sévère, qui adorait, dit Lampride, l'image de Jésus-Christ dans sa chapelle domestique, « *in larario suo*, » confia l'éducation de son fils aîné à un chrétien, nommé Proculus. Ce ne fut que plus tard qu'il changea de conseil et persécuta les Fidèles. — Enfin, on sait que Tertullien avait pu écrire impunément l'éloquente et célèbre Apologie où il disait aux païens : « Nous ne sommes que d'hier, et nous remplissons vos cités, vos colonies, l'armée, le Palais, le Sénat, le Forum; nous ne vous abandonnons que vos temples. » « *Sola relinquimus templa.* » (TERTULLIEN, *Apologétique.*)

(2) La mémoire de Germanicus protégea pendant quelque temps Caligula, son fils, comme celle de Marc Aurèle couvrit les premières années de Commode. Aussi, au-dessous des statues de Germanicus élevées du temps de Caligula, on ne manquait pas de mentionner dans l'inscription Germanicus comme *père de l'Empereur*, surtout en Grèce, où le nom de Germanicus était spécialement révéré. Quand il entra dans Athènes, il voulut, dit Tacite, par égard pour cette ville antique, devenue l'alliée des Romains, n'avoir pour toute escorte qu'un seul licteur. « Hinc ventum Athenas, fœderique sociae et vetustae urbis datum, ut uno lictore uteretur. » (TACITE, *Annal.*, II, LIII.)

Quand les princes étaient faibles de caractère, ou d'un esprit étroit, ce despotisme produisait les Tibère, les Caligula, les Néron, les Domitien, les Caracalla; quand, au contraire, ils étaient éclairés, et qu'à cette lumière de l'esprit se joignait la force morale, ils s'arrêtaient dans la vertu et y demeuraient à jamais. On avait alors les César, les Auguste, les Trajan, les Titus, les Antonin et les Marc-Aurèle. Ces admirables princes, que la postérité doit honorer deux fois, parce qu'ils luttaient doublement et contre les habitudes de leur religion et contre les séductions du despotisme, ont été retenus, tout païens qu'ils étaient, par leur conscience et par la conscience publique, s'élevant alors par leur vie jusqu'à la hauteur des vertus chrétiennes. On peut dire qu'ils étaient chrétiens par intuition. L'aube naissante du christianisme blanchissait déjà, par avance, de ses purs rayons ces hauts sommets du monde romain. C'est en s'appuyant sur ces considérations, aussi élevées qu'intéressantes et justes, qu'on peut apprécier avec une saine critique, et en dehors des doctrines vulgaires, ces physionomies si caractéristiques de l'époque impériale et de l'antiquité en général.

Nous venons de faire avec le lecteur l'examen des bustes et des statues des philosophes et des empereurs. Comme on le voit, ce n'est pas seulement une étude d'art que présente au visiteur un Musée aussi riche et aussi varié que le Musée Campana, c'est encore une étude morale et historique pleine d'enseignements, qui élève l'esprit, instruit l'intelligence et fortifie le cœur.

La longue liste des empereurs se termine par quelques bustes et statues de femmes, comme pour charmer la vue après l'étude souvent pénible de ces types masculins, de ces visages sillonnés par les passions. Ce sont les bustes de *Domitilla*, la mère de Domitien, à la physionomie

Caligula lui-même, ainsi que nous l'avons dit, avait rendu de grands honneurs à la mémoire de Germanicus : il se prévalait volontiers d'un tel père, comme nous l'apprend Suétone. Il y a au Louvre une inscription trouvée à Théta sur la base d'une statue et qui confirme ce que nous avançons. En voici le sens : Γάϊον Γερμανικὸν Καίσαρα πατέρ]α Γαίου Καίσαρος Σεβαστοῦ ὁ Δᾶμος. M. de Clarac l'a donnée sous le n° 588 ; mais c'est évidemment une erreur de sa part d'ajouter que cette statue fut consacrée en honneur de Caïus Germanicus César, *fils* de Caïus César Auguste; au lieu de *fils,* c'est *père* qu'il fallait dire. L'alpha placé isolément en tête de la seconde ligne de l'inscription doit être 'a dernière lettre de l'accusatif πατέρα, se rapportant à Γερμανικόν. Bœckh, dans le *Corpus Inscriptionum,* a reproduit cette inscription sous le n° 2452, mais d'après une copie faite sans doute par autrui. J'ai cru devoir la transcrire moi-même, et je la donne ici d'une manière peut-être plus fidèle et plus parfaite :

ΛΑΙΟΝΓΕΡΜΑΝΙΚΟΝΚΑΙΧΑΡΑ

ΑΓΑΙΟΥΚΑΙΧΑΡΟΣΣΕΒΑΧΤΟΥ

ΟΔΑΜΟΧ

Γ

Eckhel, dans la *Doctrina numorum,* rapporte aussi des inscriptions analogues, communes à Germanicus et à Caligula. Ce sont les légendes de médailles que voici : « GERMANICVS . CAES . — C . CAES . AVG . GERM . — C . CAESAR . AVG . GERM . P . M . TR . POT . » (ECKHEL, *Doctr. num.,* t. VI, p. 210.) — Une inscription relative à Agrippine mentionne également « qu'elle est *la mère de l'empereur Caïus Cæsar,* » et de plus petite-fille d'Auguste et femme de Germanicus. (BŒCKH, *Corp. Inscr.,* t. I, p. 612, n° 1301.)

étrange ; de *Plotine*, la femme de Trajan ; de *Sabine*, la femme d'Adrien ; de *Faustine* la jeune, femme de Marc-Aurèle, l'un des plus jolis de la collection, et enfin, celui de *Lucille*, femme de Lucius Vérus, morceau très-fin et très-distingué. Il faut mentionner encore la *Dame romaine* en figure *Panthée*, le *Mariage romain* et le *Sarcophage funèbre*, qui viennent clore notre travail.

La *Dame romaine* en déesse Panthée est l'une des plus curieuses et, aussi, l'une des plus jolies statues de cette galerie, parmi tant d'autres si dignes d'attention. On pourrait supposer que c'est une Cérès ou une statue de la Paix, car elle a des épis et des pavots à la main, ou bien une Diane Lucifère, car elle tient un flambeau allumé. Serait-ce une Cérès allant à la recherche de Proserpine, comme Praxitèle en fit une sous le nom de Cérès *Catagusa* ou *Cérès qui ramène ?* C'est ce qu'on ne saurait établir d'une manière certaine (1). Les traits particuliers du visage m'ont porté à penser que cette charmante statue, qui a dans son aspect toute la dignité des dames romaines, était tout simplement une figure *iconique*, dans laquelle l'artiste a représenté quelque grande dame de son temps en figure Panthée, c'est-à-dire en figure de Déesse réunissant les attributs de plusieurs divinités. Rien n'est plus harmonieux, du reste, ni plus élégant que cette statue d'un style à la fois gracieux et sévère.

Le *Mariage romain* est un curieux sarcophage de marbre : il mérite d'être décrit à cause des particularités de la cérémonie qu'il représente. Un personnage en toge, que sa coiffure place au siècle des Antonins, prend part à une cérémonie nuptiale. Une Victoire, avec une palme à la main, l'accompagne à l'autel et lui pose une couronne sur le front : cette circonstance ferait conjecturer que ce mariage eut lieu au retour d'une campagne glorieuse ; ce personnage est peut-être un des chefs qui suivirent Marc Aurèle dans ses expéditions triomphales contre les peuples de la Germanie.

Vient ensuite un jeune enfant qui tient des fleurs et des fruits ; puis, on voit le *Camillus*, avec sa longue coiffure bouclée, portant dans la main l'*acerra* ou cassette à encens ; le *Popa* ou victimaire, avec sa massue, qui maintient le taureau que l'on doit immoler, *victima maxima :* on remarque entre les cornes du taureau le gâteau salé qui ornait la victime choisie, *mola salsa*. Derrière, est un autre victimaire. A la droite du personnage romain, on voit la fiancée : la Junon *Pronuba* les unit tous deux au pied de l'autel, et la flamme s'allume pour le sacrifice qui va s'accomplir. Vénus, en compagnie de l'Amour et de l'Hymen, s'approche de la jeune fiancée ; elle est suivie des trois Grâces, que la pudeur de l'artiste, par une pensée délicate, a recouvertes de leurs vêtements : l'une d'elles porte un coffre qui symbolise les ornements de la toilette et de la parure d'une femme.

Tel est ce bas-relief, examiné de face, qui, pour l'exécution et sans être de premier ordre, est cependant digne des beaux temps de l'art.

---

(1) Je crois me rappeler avoir vu au Musée du Capitole une *Lucille*, femme de Lucius Vérus, qui, si j'ai bonne mémoire, tient aussi à la main un flambeau et des épis comme cette figure Panthée. Une figure *Lucifera* du Musée de Naples a aussi des analogies avec celle-ci. Pour ce qui est de la *Cérès Catagusa* et de son attitude lorsqu'elle est à la recherche de sa fille, on peut consulter GUIGNIAUT et CREUZER, *Histoire des Religions de l'antiquité*, t. III, p. II ; — Voss, *Mythol. Briefe*, t. II, p. 58 et suiv. ; — BÖTTIGER, *Vasengem.*, t. II, p. 195 et suiv. ; — WELCKER, *Zeitschrift*, t. I, 1, p. 82 et suiv.

Aux deux extrémités du sarcophage, des bas-reliefs moins achevés figurent, du côté de l'homme, les occupations de la chasse; de celui de la femme, les calmes travaux de la vie champêtre.

Le couvercle n'est pas moins bien composé. La scène qui y est sculptée, avec beaucoup d'élégance, personnifie un Jour de l'existence humaine. A l'une des extrémités, le Soleil sort de l'Océan qui est devant lui; *Phosphorus*, l'étoile du matin, le précède sous la forme d'un enfant élevant un flambeau en l'air. A l'autre extrémité, la lune descend, précédée aussi par *Hespérus*, l'étoile du soir, figurée également par un enfant qui abaisse un flambeau renversé. Les Parques président à la destinée et au cours de la Vie humaine. Jupiter, Minerve et Junon (les trois divinités du Capitole) la protégent.

Le groupe de deux *Personnages funèbres*, sculpté en marbre et posé, comme couvercle, sur un sarcophage, a été trouvé sur la voie Appienne.

Le statuaire, qui avait à reproduire sur le même tombeau un homme et une femme couchés l'un à côté de l'autre et faisant face au spectateur, a naturellement présenté la femme au premier plan, pour la montrer tout entière, et l'homme au second, dans le dessein de n'en faire voir que le buste, trait de goût bien digne de l'antiquité et qui se reproduit souvent dans des occasions semblables (1).

La femme est vêtue d'une tunique sans ceinture; c'est la *vestis cœnatoria*, l'habit de repas. Elle tient à la main la *couronne convivale*, formée de bandelettes entrelacées de fleurs. L'homme a le front orné de joncs et tient un rouleau de papyrus; il s'appuie du coude sur la tête d'un fleuve, qui personnifie ainsi une source, *caput aquæ*, et, pour que le spectateur ne s'y trompe pas, l'artiste a eu le soin de sculpter un oiseau qui vient boire dans le courant de l'eau. Les accessoires que nous avons décrits ajoutent au prix de ce morceau.

La coiffure de la femme, aussi bien que la disposition de la barbe chez l'homme, permet de placer ce groupe à l'époque de Septime Sévère, dans ses premiers temps. Cependant, d'après les observations de M. Léon Rénier, l'un de nos épigraphistes les plus distingués, l'inscription placée au-dessous de ce groupe, et que nous donnerons plus bas, indiquerait une époque immédiatement antérieure, ou, si l'on aime mieux, la première année du règne de Sévère. En effet, la légion à laquelle appartenait, comme centurion, ce personnage, s'appela *Augusta* depuis Auguste jusqu'à Septime Sévère, et ce ne fut qu'à dater du règne de ce dernier empereur qu'elle prit le nom de *Pia Vindex* que lui donna ce dernier, dans l'espérance, sans doute, de se l'attacher et de l'éloigner de Clodius Albinus, son concurrent à l'Empire.

Le sarcophage sur lequel ce groupe est placé a-t-il, dès l'origine, appartenu à ce monument? c'est ce qu'on ne saurait déterminer avec quelque fondement. Il y a lieu de croire, cependant, qu'il n'en est rien; ces sortes de bas-reliefs étaient sculptés à l'avance chez les Romains, comme chez nous les monuments funèbres destinés aux cimetières.

---

(1) Il y a au Louvre un sarcophage surmonté de deux personnages funèbres qui sont disposés de même. Il y a été placé en 1843 et provient de Salonique en Macédoine. La femme, placée sur le devant, a également dans la main la couronne convivale. Ce sarcophage, qui ne figure pas au Catalogue du Louvre, ne porte d'ailleurs aucune inscription ni indication, hormis son lieu d'origine et la date de son arrivée au Musée.

Le bas-relief de ce sarcophage représente des *Amours occupés à forger les armes d'Énée*, tableau curieux et peu commun. Les uns forgent, les autres rangent le casque et les pièces déjà achevées. Deux Amours placés au milieu élèvent le bouclier, dans lequel on lit cette inscription :

BLAERA VITALIS.

7 LEG. III. AVG.

B. M. M. D.

Le signe 7 représente le cep de vigne, indice du commandement chez les centurions. Nous croyons pouvoir restituer ainsi cette inscription, aussi bien que les sigles qui la terminent :

BLAERA VITALIS.

CENTURIO LEGIONIS TERTIÆ AUGUSTÆ

BENE MERENTI [UXORI] MARITUS DEDIT.

Après avoir parlé de ce sarcophage, nous voici arrivés au terme de la tâche que nous nous sommes imposée.

La description que nous venons de faire de la partie du Musée Campana qui comprend seulement une très-petite partie des marbres donnera, nous l'espérons, au lecteur une idée de ce Musée unique, où se trouvent accumulées toutes les productions de l'art qui ont représenté, sous leurs différents aspects, les différentes phases de la civilisation grecque et romaine. Certes, si une telle collection, qui n'a point d'égale en Europe, était l'objet, dans chacune des parties de son vaste ensemble, d'une publication analogue à celle-ci, qui la mette à la portée des savants et des artistes, sa réputation, acquise déjà à si juste titre depuis longtemps, grandirait encore, et l'art, aussi bien que la science, y trouverait son profit (1).

En dehors des dix Sections dont se compose le Musée, et dont nous avons parlé en commençant, il y a une dernière partie qui offre le plus grand intérêt et à laquelle il est impossible de ne pas consacrer au moins une mention : je veux parler de la riche *Collection d'Inscriptions grecques et latines* qui fixe depuis longtemps l'attention des érudits de l'Europe. Ces inscriptions, la plupart sur marbre, sont extrêmement précieuses pour l'épigraphie, quant à l'histoire de Rome

---

(1) Les études historiques ont fait, de nos jours, en Europe des progrès attestés par des travaux de toute nature. Ces progrès sont tels qu'il est impossible aujourd'hui à un historien d'écrire l'histoire avec quelque compétence s'il n'est initié à la pratique des médailles, des monuments figurés et de l'épigraphie : la science de l'iconographie, aussi bien que celle de l'épigraphie, sont devenues, de notre temps, avec l'archéologie figurée, les auxiliaires indispensables de la science historique. L'étude des statues et des médailles, comme celle des inscriptions, aide, en effet, puissamment à la connaissance des physionomies historiques et à l'intelligence des faits. C'est ce que l'Empereur Napoléon Ier pressentait si bien, lorsqu'en 1804 il demanda au grand Ennius Quirinus Visconti, alors Conservateur des antiques du Louvre, s'il ne serait pas possible de réunir en une collection historique les portraits authentiques de tous les hommes illustres, quels qu'ils fussent, de l'antiquité. On sait que la réponse de Visconti fut affirmative et que l'Empereur donna sur-le-champ des ordres pour l'exécution de ce grand travail, l'ICONOGRAPHIE GRECQUE ET ROMAINE, œuvre de premier ordre, qui est restée comme l'un des plus beaux et des plus honorables monuments de l'archéologie antique.

et de l'Italie en particulier. Si je suis bien informé, elles ont été relevées avec soin dans ces derniers temps, et doivent, dans un avenir plus ou moins éloigné, être comprises dans le *Corpus Inscriptionum Romanarum* que prépare l'Académie des Sciences de Berlin. Il serait à souhaiter, toutefois, qu'une publication spéciale, consacrée seulement au Recueil des Inscriptions du Musée Campana, vînt satisfaire bientôt la légitime impatience du monde savant. La partie étrusque, si curieuse et si rare, attend également un éditeur, aussi bien que la magnifique *Collection de Médailles* que possède M. le marquis Campana.

M. Ampère, membre de l'Académie française, qui a fait plusieurs fois le voyage de Rome, a consacré au Musée Campana, dans les intéressants travaux qu'il publie en ce moment dans la *Revue des Deux-Mondes,* sur l'*Histoire Romaine à Rome*, un souvenir qui honore cette grande collection. Le savant et éloquent académicien, qui, à chacun des pèlerinages d'art qu'il fait en Italie, se montre l'un des admirateurs de la galerie Campana, dit en parlant de ce Musée, et particulièrement de sa partie étrusque, « qu'il devrait être au Vatican ». Un tel éloge, décerné par une telle plume, en dit plus que tout ce que nous pourrions ajouter.

Durant mon séjour à Rome, j'ai été moi-même extrêmement préoccupé de l'importance de ce vaste dépôt scientifique. J'y ai travaillé longuement avec ardeur, avec assiduité : j'y ai tout vu, tout examiné, tout comparé, surtout dans la partie qui est relative aux Marbres antiques et aux Monuments figurés. C'est ainsi que j'y ai recueilli de nombreuses notes que des travaux d'archéologie grecque et latine, dont je m'occupe depuis plus de quinze ans, m'ont mis à même de compléter à l'aide d'investigations antérieures. — L'exégète enthousiaste a essayé d'expliquer les mystères du temple. Puisse-t-il avoir réussi, du moins en partie !

Ce sont ces études, revues avec le plus grand soin, que, sous le titre de *Description des Marbres antiques du Musée Campana à Rome,* j'offre aujourd'hui, avec confiance, aux amis de l'antiquité.

J'ai cru ne pouvoir me dispenser d'ajouter à ces études toutes les indications qui m'ont paru nécessaires pour établir d'une manière certaine, ce qui est essentiel en pareille matière, l'origine et l'authenticité de ces monuments magnifiques, en les comparant aux statues, bustes et figures analogues, qui peuvent exister dans les grandes Collections publiques, et pour en constater, on pourrait dire, l'identité scientifique. Ces rapprochements, qui consacrent les statues par les traditions, sont en quelque sorte les *parchemins* d'une Galerie.

J'ai suivi, dans mon travail, la marche tracée par M. le marquis Campana lui-même dans son bel ouvrage sur ses *Bas-reliefs antiques en Terres cuites* (1); et sans me jeter dans des appréciations trop absolues, je dis comme lui, avec Cicéron dans les Tusculanes : « *Ut potero explicabo... probabiliora sequens.* » J'ai considéré comme un devoir, envers moi-même et envers autrui, de ne jamais avancer une opinion, de ne jamais présenter une conjecture, sans placer sur-le-champ les preuves à côté. Ne me laissant, en aucun cas, entraîner par l'érudition de seconde main, je

(1) *ANTICHE OPERE IN PLASTICA,* da G. P. Campana, marchese di Cavelli, conte Lateranense, Commendatore di Danebrog e di Sassonia, Ufficiale della Legion di Onore, Membro della Pontificia Academia di Archeologia, Corrispondente dell' Istituto di Francia, etc. — In-folio. Roma, MDCCCLII.

n'ai admis comme fondements d'une argumentation que les textes eux-mêmes, grecs ou latins, qui pouvaient appuyer mes appréciations. Ce procédé m'a obligé à des travaux considérables; mais j'ai la certitude d'avoir fait, sinon une œuvre illustre, du moins une œuvre honnête. On lui rendra peut-être cette justice, qu'à défaut de talent, de vue ou de critique, l'auteur de la *Description des Marbres antiques du Musée Campana* a du moins apporté dans son travail la seule chose qu'il pouvait y mettre, la conscience.

Le lecteur jugera par lui-même de la méthode que j'ai suivie en général, et notamment dans les questions qui m'ont paru avoir une certaine importance, comme lorsqu'il s'est agi de monuments tels que le *Cupidon* de Thespies, le *Mercure Agorée* et surtout le *Démosthènes* de Polyeucte. J'ose espérer que ma plume a été assez heureusement inspirée de son sujet pour faire revivre, fût-ce un moment, aux yeux du lecteur, ces nobles statues si vivantes par elles-mêmes et pour en donner des interprétations précises. C'est, du reste, pour le lecteur, un véritable cours de sculpture antique, car il a pu voir, dans notre publication, passer successivement sous ses yeux, au moins par le souvenir, les plus grands noms de l'art antique, les noms de Phidias, de Scopas, de Lysippe, de Silanion, de Praxitèle, de Polycharme, de Polyclès, à propos des bas-reliefs, des statues ou des bustes de *Jupiter*, de *Phèdre et Hippolyte*, des *Niobides*, de *Sapho*, du *Cupidon*, de la *Vénus accroupie* et de l'*Hermaphrodite*. L'histoire de la statuaire grecque s'est déroulée d'elle-même sous notre plume, dans l'examen de ces œuvres aussi intéressantes que variées.

C'est qu'en effet, quand on a visité le Musée Campana et les Musées publics de Rome, on a pour ainsi dire fait le tour de l'art grec et romain. Ce n'est ni à Paris, ni à Londres, ni à Fl rence, il faut le dire, c'est à Rome seulement, au milieu de ces innombrables chefs-d'œuvre, qu'on peut comprendre ce grand art dans sa haute esthétique. C'est là qu'on peut admirer, en présence des figures sculptées connues de cette mythologie anthropomorphique, qui prêtait tant à la statuaire, la riche et brillante fantaisie de l'Antiquité, cette féconde et intarissable imagination, qui a inspiré durant tant de siècles le génie des plus grands artistes. C'est au milieu de ces monuments d'un symbolisme si ingénieux, dont la plupart ont manqué aux Winckelmann, aux Caylus, aux Barthélemy, et qui se complètent tous les jours par les découvertes nouvelles, qu'on peut aujourd'hui dominer de haut, pour ainsi parler, un aussi vaste sujet et en tracer la synthèse à grands traits. Les révolutions éphémères de la mode peuvent passer, l'art grec seul subsiste dans toute sa pureté et dans toute sa gloire. Cette grande école, qui conserve depuis tant de siècles toute la consistance d'une doctrine, est demeurée intacte sur son piédestal, malgré les merveilles de force et de grâce de la Renaissance italienne, malgré les succès européens de l'école italienne de Canova et de l'école française, si spirituelle, si riche, si souple et si savante, depuis Jean Goujon jusqu'à Houdon. On a pu s'inspirer de l'art antique, on a pu s'en approcher, mais on ne l'a pas égalé. Sa durée et sa gloire sont éternelles : cet art souverain, qui a pour sœur la littérature immortelle de la Grèce et de Rome, brillera tant que vivra le souvenir de Virgile et d'Horace, d'Homère et de Pindare.

Rome a toujours été un centre d'attraction dans l'univers : on y accourt de tous les points du monde, aujourd'hui surtout qu'un Souverain Pontife, homme de goût autant qu'homme de bien, restaure et revendique les anciens monuments de la gloire romaine. A notre passage dans la Ville Éternelle, nous avons pris la respectueuse liberté de complimenter le Saint-Père sur la tâche, glorieuse entre tant d'autres, qu'il s'est donnée de préserver d'une ruine certaine et imminente tous ces monuments païens, qui, à ses yeux comme aux nôtres, ont ce haut caractère historique d'être les témoins vivants de la victoire du christianisme. C'est ainsi que, sous le pontificat de Sa Sainteté et sous la direction si éclairée de M. le commandeur Visconti, Conservateur actuel des Antiquités à Rome, le Panthéon a été dégagé des maisons qui le déshonoraient, que le Colisée s'est relevé en partie, que la voie Appienne a été peu à peu déblayée, qu'un nouveau Musée se fonde au palais du Latran, que des découvertes importantes et des résultats précieux signalent déjà les fouilles entreprises par le gouvernement aux Catacombes et à Ostie. C'est ainsi que, dans la mesure de ce que permet l'état des finances romaines obérées par la Révolution, tous les grands édifices élevés jadis par le Peuple-Roi sont restitués et conservés avec soin, pour être offerts, dans toute leur splendeur, à l'admiration de l'univers (1). On sait que l'un des caractères les plus frappants de l'aspect moderne de Rome, c'est de voir la Croix dominant la Cité des Césars, comme elle domine le monde, et les statues de Saint Pierre et de Saint Paul surmontant les colonnes Antonine et Trajane. Des contrastes plus grands et plus sublimes encore vous attendent. Une colonne de marbre précieux, qui avait servi jadis de pilier aux écuries de Néron, se relève de nos jours; et, d'abjecte qu'elle était dans son origine, elle devient le piédestal sacré au sommet duquel la Reine de douceur et de grâce vient

(1) En ordonnant la restauration et le dégagement des anciens monuments de Rome, Pie IX a suivi les illustres traditions de l'administration de Léon X et de celle de Napoléon. Dans une lettre célèbre, Raphaël, qui remplissait à Rome la charge de Conservateur des antiquités, occupée depuis par Winckelmann et les Visconti, avait proposé au successeur de Jules II « un déblaiement général et permanent » des édifices publics que la barbarie avait recouverts d'une marée montante de décombres. Napoléon Ier, qui, pour le dire en passant, eut cette singulière destinée de n'être jamais allé à Rome, donna l'ordre, dès les premiers moments de son administration, de « réaliser le projet de Raphaël ». C'est de cette époque que datent les principaux embellissements de la Rome moderne. L'Empereur Napoléon avait, de plus, conçu et arrêté le plan d'une grande et magnifique rue, digne en tout des Romains, qui devait partir de la façade de Saint-Pierre et traverser la ville tout entière. M. de Tournon, ancien pair de France, qui avait été préfet à Rome, pendant l'administration française de 1810 à 1814, a publié le détail de tout ce qui y a été fait d'utile et de beau par ordre de Napoléon. « Le noble *Forum romain*, raconte » M. de Tournon, était devenu peu à peu, pendant des siècles, un vaste *dépôt d'immondices* « *immondezzaio* », et le » dédain des choses antiques fut porté si loin, même par ceux qui auraient dû veiller le plus attentivement à leur » conservation, qu'on adossa au mur du Capitole un amas de débris, *qui enveloppait dans sa masse* les colonnes du » temple de Jupiter Tonnant, et, sur cette colline artificielle, un Sénateur de la Rome moderne construisit « ses » écuries. » A l'exemple de ce magistrat, on éleva sur ce sol factice des maisons, des greniers, où des colonnes de » granit servaient d'appui à d'humbles masures. L'administration française essaya de rechercher le niveau antique » et de mettre définitivement à jour les bases des monuments. Raphaël avait proposé à Léon X ce déblaiement » général et permanent : nous entreprîmes de le réaliser ». (*Études statistiques sur Rome*, par M. DE TOURNON, t. II, p. 241.) — C'est dans cette voie glorieuse, indiquée par le génie, que l'administration romaine de nos jours est entrée résolûment sous la haute impulsion de Son Éminence le Cardinal Antonelli, Secrétaire d'État de Sa Sainteté. Ce que Napoléon III a fait pour Paris, Pie IX le fera pour Rome. Pour le moment, le monde civilisé, l'Europe savante et tous les amis éclairés de son gouvernement, l'en remercieront et l'aideront même, s'il le faut, dans cette noble tâche ; dans l'avenir, l'Histoire l'en glorifiera.

poser ses pieds divins, comme le symbole touchant du Spiritualisme triomphant de la Matière!
— Ce Colisée, qui retentit si souvent, autrefois, du cri : « *Les Chrétiens aux bêtes!...* » ce
Colisée voit aujourd'hui, chaque dimanche, au milieu de cette même arène teinte du sang des
martyrs, une foule immense et recueillie, qui se presse pour entendre la « Bonne Parole » autour
d'une chaire chrétienne gardée par une sentinelle française!

Il n'est personne, on le sait, qui n'éprouve une vive émotion en entrant à Rome. Quand on
approche de la Ville Éternelle, l'esprit encore rempli de ses souvenirs classiques, il semble qu'on
n'arrivera jamais assez tôt pour contempler ces lieux célèbres, illustrés par les pages de Suétone,
de Tite-Live, de Cicéron et de Tacite. Mais, à peine est-on arrivé, qu'une tout autre impression
vous domine, pour peu qu'on ait l'âme noblement et fortement trempée. On était venu pour voir
ce Forum où discourut Cicéron, cette Voie sacrée où Horace aimait à rêver, cette statue de Pompée
au pied de laquelle succomba César, ce Panthéon, chef-d'œuvre de l'architecture antique, ces
Musées du Vatican et du Capitole, vastes dépôts des merveilles de l'art païen, et enfin ce
gigantesque Colisée, le monument le plus considérable de la puissance romaine. Une fois qu'on
est dans la Ville Éternelle, on oublie tout cela : une véritable révolution s'opère dans l'esprit du
visiteur. — On était venu pour voir la Rome des Césars, et c'est la Rome des martyrs qui vous
attire, qui vous domine, qui vous captive, qui vous émeut. Alors, on oublie Cicéron, on oublie
Horace, on oublie même César, et le Panthéon et le Colisée; et, plein d'une pieuse et inexpri-
mable émotion, on court aux lieux immortalisés par le sang des chrétiens. On recherche avec
empressement, avec respect, avec anxiété, la maison qu'habita Saint Pierre au pied de l'Esquilin,
auprès de la voie *Suburra,* et cette prison Mamertine où les deux apôtres furent enfermés,
chargés de chaînes, et dans laquelle Saint Pierre convertit à la Foi nouvelle ses deux geôliers et
quarante-sept de ses compagnons de captivité. On recherche le lieu où Saint Jérôme expliqua la
morale du Christ à ces filles des Consuls de la vieille Rome, à Paula, à Marcella, à Fabiola; on
veut voir ces marches saintes de la Vieille Basilique que Charlemagne ne voulut monter qu'en
les baisant une à une; on veut contempler l'oratoire dans lequel pria Saint François d'Assise, la
chaire où prêcha Saint Dominique, le sanctuaire où retentit la parole de Saint Grégoire le Grand,
et dans lequel, de nos jours, sa magnifique statue, ébauchée par Michel-Ange, écoute encore
la céleste colombe de marbre blanc qui, placée sur son épaule, lui parle à l'oreille. On visite
au pied du Janicule, en se découvrant le front et avec tout le recueillement qui convient en
présence d'aussi pieux, d'aussi augustes souvenirs, l'endroit même où Saint Pierre voulut qu'on
le crucifiât la tête en bas, et ce fragment de colonne sur lequel Saint Paul fut décapité et
d'où sa tête rebondit trois fois sur le sol. — Qui que vous soyez, si vous savez comprendre ce
qu'il y a de vraie grandeur dans le dévouement et l'abnégation, vous éprouverez alors les plus
douces, les plus pures, les plus touchantes émotions. — Soyez heureux de ce qu'elles font battre
votre cœur à la pensée des souffrances des premiers martyrs chrétiens; de plus grands que vous,
les Charlemagne, les Pascal, les Corneille, les Bossuet, les Napoléon, les Châteaubriand, les ont
ressenties! — C'est ainsi que, pendant le cours de nos pèlerinages à Rome, chaque jour nous

apportait son glorieux souvenir, éclatant ou sublime. — M. le comte de Rayneval, en qui se trouvent réunis tous les genres de distinction, nous a fait l'honneur de nous montrer, aux Portes de Rome, ce Champ de bataille, témoin de la victoire de Constantin, qui est aujourd'hui le champ de manœuvre de nos troupes. Ce n'est pas là la moins noble de nos impressions. « Vous voyez » cette plaine, nous disait l'Ambassadeur de France en nous l'indiquant à travers les portières » de sa voiture, c'est là que, le 27 octobre 312, Constantin avec ses quarante mille hommes » vainquit les *cent soixante-dix mille* soldats de Maxence, dans cette journée célèbre que le » pinceau de Raphaël et de Jules Romain a immortalisée une seconde fois. Ici (dans ce lieu » même où s'exercent en ce moment nos chasseurs de Vincennes), deux cent dix mille » hommes ont joué le sort de la civilisation et du monde. » Que dire après de telles paroles? Leur haute simplicité n'est-elle pas plus éloquente que toutes les déclamations écrites? — Un souvenir, plus sévère encore, m'attendait à la chapelle *di Santi Pietro e Paolo.* Comment oublier, une fois qu'on l'a éprouvée, l'impression profonde qui s'empare de vous sur la route de *Saint-Paul hors des murs,* quand, au milieu de cette campagne de Rome, d'une beauté si mélancolique, on arrive devant cette modeste chapelle, à l'endroit même où Saint Pierre et Saint Paul « *se séparèrent pour aller au martyre?* » C'est là qu'on trouve sur une plaque de marbre cette inscription, que je transcris, telle que je la retrouve au crayon sur mon carnet de voyage : « *In questo luoco, si separorno San Pietro et San Pauolo, andâdo al martyro.* » C'est là, là même, sur ce sol que vous foulez, à cette place où vous respirez, que, le 29 juin 66, l'humble pêcheur de Tibériade et le pauvre tisserand de la Cilicie se sont dit un solennel adieu, en quittant cette terre que leur seule parole, inspirée de Dieu, venait d'arracher à la toute-puissance des Nérons.

Quant à nous, parvenu aux dernières pages d'un ouvrage archéologique écrit en partie à Rome, et qui a nécessité de notre part, pendant notre séjour dans la Ville Éternelle, l'examen attentif et assidu d'un grand nombre de monuments, aussi bien que des recherches laborieuses et multipliées qui nous ont imposé une notable tension de l'esprit, nous ne voulons pas que l'on puisse croire qu'au milieu de ces investigations, tout absorbantes qu'elles fussent, nous soyons resté, fût-ce un moment, étranger à ces nobles impressions que toute nature élevée doit y ressentir vivement. Quoique préoccupé, presque constamment, par des études de pure archéologie grecque et latine, dont notre livre est un volumineux spécimen, notre pensée n'a pas été un seul instant distraite du milieu sacré dans lequel nous avons vécu et des hautes pensées que ce milieu inspire. C'est, du reste, la situation dans laquelle se trouve à Rome tout homme de cœur et de sens, et le nombre en est plus grand qu'on ne pense. — En ce qui nous concerne personnellement, tandis que, durant le cours de nos études toutes scientifiques, nos yeux, notre esprit, notre imagination étaient à l'antiquité païenne, nous le disons hautement, l'âme, le cœur, l'émotion, le sentiment étaient ailleurs.

HENRY D'ESCAMPS.

Rome, 10 décembre 1855.

JUPITER

STATUE COLOSSALE EN MARBRE

TROUVÉE SUR LES BORDS DU LAC D'ALBA

Il n'y a nulle part une statue de Jupiter dont les proportions soient comparables à celles que présente le Jupiter du musée Campana.

Cette image imposante du roi des dieux a été découverte sur les bords du lac d'Alba : elle y concourait sans doute à la décoration de l'un des vastes édifices qui dépendaient de la villa de Domitien. L'histoire, aussi bien que l'étude des médailles romaines, nous apprend que cet empereur portait un culte particulier à Jupiter.

Ce grand ouvrage est vraisemblablement l'une de ces œuvres de la statuaire antique appartenant à l'art polychrôme. La draperie qui enveloppe le bas de la figure devait être de bronze doré : elle n'a pas été retrouvée. On l'a restituée à l'aide d'un travail en stuc, ainsi que l'un des bras du colosse.

Cette figure, d'un aspect saisissant, a dû être inspirée à l'artiste par le type qu'avait adopté Phidias pour représenter le premier et le plus puissant des dieux (1).

Une image de Jupiter dans de pareilles proportions, et d'une aussi belle exécution, est d'une rareté extrême, pour ne pas dire unique.

(1) *Descript. du Mus. des ant. du Louvre*, édition de 1847, p. 43, 159, 240 et 301. — *Mon. ant. du Mus.*, t. I, p. 3. — *Mus. des ant.*, v. 3. — *Mus. Capit.*, t. III, p. 5. — *Mus. Florent.*, p. 3, 4, pl. 1.

JUNON

STATUE EN MARBRE

Hauteur : 2^m 11^c

On admire, dans ce charmant modèle de figure drapée, le style le plus pu
Grèce.

La reine de l'Olympe y est représentée dans une attitude digne d'elle.

Ce marbre remarquable a été trouvé récemment dans le territoire classique d'A
aux bords de la Méditerranée, sur ce rivage peuplé jadis de ces villas sompt
dans lesquelles l'aristocratie romaine se plaisait à réunir les plus beaux spécim
l'art grec que la conquête avait mis entre ses mains.

La ressemblance du visage, tel qu'on le retrouve dans les médailles et les
ments antiques (1), ferait supposer que c'est une Livie, femme d'Auguste, repré
en Junon.

(1) *Descript. du Mus. des ant.*, p. 221, 238. — *Mus. des ant.*, t. I et II. — *Mus. Capit*, t. III, p
Mus. Clém. t. I, II. — *Mus. Florent.*, p 4, 5, pl. 2

MINERVE PACIFIQUE

STATUE EN MARBRE GREC

Hauteur : 2^m 24^c

Minerve est ici beaucoup plus la déesse des arts que celle de la guerre.

La pose est pleine de majesté : le visage a une expression sublime. Le bras gauche est entièrement couvert ou plutôt enveloppé, car le cubitus et l'avant-bras se dessinent, malgré le voile, comme s'ils étaient à nu. Le casque est surmonté d'un sphinx et de deux chouettes, oiseaux de Minerve et symboles d'Athènes (1).

L'ajustement du peplum et les plis de la robe ont, dans cette statue, une disposition différente de celle attribuée ordinairement aux statues de Minerve (2). La draperie, au lieu d'être perpendiculaire, est ramenée horizontalement de droite à gauche, par un mouvement magistral qui couvre le bas du torse et montre le genou au travers. On voit dans ce rare morceau à quel degré de perfection l'art grec pouvait atteindre, en combinant la beauté du type avec la sévérité de l'exécution.

Cette statue, comme la Livie représentée en Junon, était l'un des ornements les plus précieux de la galerie Altemps, à Rome.

(1) *Lettres du Père Paciaudi au Comte de Caylus*, p. 110.

(2) Visconti, *Mus. Clém.*, t. I, pl. 8 et 9. — Winckelmann, *Mon. inéd.*, t. III, p. 207. — *Mus. des ant.*, t. II. — *Descript. du Mus. des ant.*, p. 128, et *passim*. — *Mus. Cap.*, t. III, p. 16.

MINERVE PACIFIQUE

BUSTE EN MARBRE

TROUVÉ À LA VILLA ADRIANA

Hauteur : 72ᶜ

L'absence de l'égide, ainsi que l'expression calme et douce du visage, font recon
dans ce buste la Minerve pacifique (1).

C'est la personnification heureuse par laquelle l'art exprime cette pensée que c'
la sagesse qu'on doit la paix et le repos du monde.

Les Romains ont honoré Minerve sous le titre de *Pacifera*. Sur les médailles d'*
et de Commode, on voit *Minerva Pacifera* avec une branche d'olivier à la main.

---

(1) *Descript des ant. du Mus.*, p. 85, 172 et *passim.* — *Mus. Capit.*, p. 16 et suiv.

MERCURE AGORÉE

STATUE EN MARBRE GREC

TROUVÉE DANS LES ENVIRONS DE ROME

Hauteur : 2ᵐ 10ᶜ

Le messager des dieux est représenté, dans cette statue, avec la tête légèrement inclinée, afin d'indiquer la facilité avec laquelle il était prêt à accueillir les prières des hommes : *facilis audi*. Il est appelé Mercure Agorée ou de la place publique, parce qu'il n'était pas seulement le dieu de l'éloquence, mais aussi celui des marchands, *nundinarum, ac mercium commerciorumque mutator* (1).

La beauté et la noblesse de ce type, qui réunit le svelte et le puissant, deux qualités qui s'excluent en général, l'ont placé depuis longtemps parmi les œuvres les plus admirées de l'art antique.

Le musée du Vatican compte au nombre de ses chefs-d'œuvre le Mercure Agorée, connu parmi les artistes sous le nom de l'*Antinoüs* du Belvédère ou le *Lantin*.

Le Mercure du musée Campana peut être mis à côté de la statue du Belvédère vantée si justement et qu'il rappelle, du reste, à plusieurs titres et notamment par sa pose, par la supériorité et par l'élégance de son style.

---

(1) ARNOB., liv. II. — *Lettres du Père Paciaudi au Comte de Caylus*, p. 189. — *Mon. ant. du Mus.*, t. IV, pl. 70, et t. I, pl. 53 — *Mus. des ant.*, t. II. — *Mus. Clém.*, pl. 6 et 7. — WINCKELMANN, *Description du Cabinet du Baron de Stosch*, p. 88, n° 377. — *Descript. du Mus. des ant.*, p. 45, 114. 123, 304, etc. — *Mus. Florent.*, p. 15, 44, 45 ; pl. 38, 39.

MERCURE

STATUE EN MARBRE

Hauteur : 1 m 26 c

Cette statue, trouvée à Tusculum, est remarquable par la conservation des différents attributs que l'iconographie païenne donne habituellement à Mercure (1).

La tête offre un caractère tout à fait antique : le type est très-remarquable par l'élévation de son style.

(1) *Descript. du Mus. des ant.*, p. 45, 114, 123, 304, etc. — *Lettres du Père Paciaudi au Comte de Caylus*, p. 190. — *Mus. Florent.*, p. 15, 44, 45, pl. 38, 39.

VÉNUS

STATUE EN MARBRE

TROUVÉE AUPRÈS D'ANTIUM (AUJOURD'HUI PORTO D'ANZIO)

Hauteur : 1 ^m 94 ^c

Les artistes grecs ayant réuni, pour en former le type de Vénus, tout ce que la beauté féminine peut présenter de plus parfait et de plus séduisant, il n'y a pas de grand maître qui n'ait essayé ses forces en sculptant la Déesse des Amours. C'est ce qui explique la variété des attitudes dans ces statues, si diverses, que l'antiquité nous a léguées et qui sont encore admirées de nos jours comme des modèles.

Les statuaires, pour justifier la nudité des formes, la représentèrent tantôt au bain, tantôt sortant des flots de la mer, où elle est née, selon la tradition mythologique. Cette seconde idée appartient aux sculpteurs de la plus belle époque de l'art grec. La Vénus Anadyomène et la Vénus marine sont en général supérieures, pour l'idéalité du type, à toutes les autres (1).

La statue que nous avons sous les yeux est d'une incomparable beauté et d'une conservation entière : elle a les attributs de la Vénus marine. Le dauphin, qui est auprès d'elle, et l'Amour, dont l'artiste a accompagné la figure principale, en sont les emblèmes caractéristiques.

Il est inutile de faire remarquer dans cette Vénus la richesse des formes, l'élégance de l'attitude et la grâce de l'ensemble.

Dès le premier coup d'œil, l'homme de goût initié à l'art antique reconnaît dans ce morceau un de ces rares chefs-d'œuvre qui prennent le premier rang dans les grandes collections de l'Europe.

---

(1) *Descript. du Mus. des ant.*, p. 76, 179, etc. — *Mus. Cap.*, t. IV, p. 352. — *Lettres du Père Paciaudi au Comte de Caylus*, p. 3. — *Mus. Florent.*, p. 42, pl. 35.

VÉNUS ACCROUPIE

AVEC

CUPIDON

GROUPE EN MARBRE

Hauteur : 97ᶜ

On sait que Polycharme, sculpteur grec, fit une Vénus au bain, qui avait une gra[nde] célébrité.

Au temps de Pline (1), on la voyait à Rome, dans le portique d'Octavie. Persor n'ignore que ce lieu célèbre réunissait les plus beaux morceaux d'art que la conqu avait mis entre les mains des Romains.

Vénus, sortant du bain, se tenait accroupie dans l'attitude pleine de gràce d'i baigneuse qui attend qu'on vienne l'essuyer (2). Derrière elle, l'Amour était représe tenant un linge à la main. Les pierres gravées antiques, dans lesquelles la composit de Polycharme est fidèlement dessinée, donnent cette action et cet accessoire. La *Vé[nus]* *accroupie avec Cupidon* du musée Campana reproduit la même action et le mê accessoire.

Ce groupe appartenait autrefois à la collection de la galerie Randanini et se trou gravé parmi les statues les plus célèbres de Rome.

Le Bernin, appelé à restaurer, dans la figure de l'Amour, le bras droit qui manqua se laissa aller à son inspiration si éloignée du goût antique et modifia l'action. C' également au Bernin qu'on doit la restauration de la tête du dauphin.

---

(1) « *Venerem lavantem sese Polycharmus fecit.* » (PLINE, XXXVI, ch. 10.)

(2) V. *Descript. du Mus. des ant.*, p. 239, etc. — *Mon. ant. du Mus.*, t. I, p. 59. — *Mus. des ant.* t. III, pl. — *Mus. Florent.*, pl. 16, 19.

VÉNUS GÉNITRIX

STATUE EN MARBRE

TROUVÉE AUX ENVIRONS DE TIVOLI

Hauteur : 2^m 14^c

Cette Vénus Génitrix a le même vêtement et la même pose que celle qu'on voit dans les médailles impériales.

Elle tient dans une main la pomme de Pâris, et, de l'autre, elle relève, avec un geste charmant, le voile qui doit la couvrir (1), après s'être montrée dans toute sa beauté à Pâris. César, qui se plaisait à répéter qu'il descendait de Vénus par Énée (2), en avait adopté l'empreinte sur les médailles de son temps.

On peut dire que, quoique drapée, cette admirable statue n'en est pas moins nue. La robe recouvre des formes divines, et, loin de les cacher, ne sert qu'à les mieux montrer à l'œil émerveillé du spectateur.

La draperie, œuvre magistrale, caresse ce beau marbre dans la partie supérieure; dans le bas, elle retombe avec des plis droits du dessin le plus savant.

Ce chef-d'œuvre, d'une beauté exceptionnelle, est un morceau capital, qu'on ne saurait apprécier trop haut. Elle vient prendre sa place dans l'art à côté de la Vénus de Milo.

---

(1) *Mus. franç.*, t. II. — *Mus. des ant.*, t. I. — *Descript. du Mus. des ant.*, p. 21. — *Mus. Flor.*, p. 39, pl. 32.
(2) APPIEN, II, 68. — SUÉTONE, *Vie de César*, VI et LXI.

"""

CUPIDON

STATUE EN MARBRE GREC

Hauteur : 1ᵐ 30ᶜ

Praxitèle avouait que son Cupidon était, parmi toutes ses œuvres, l'une
statues dont il était le plus satisfait.

Il avait donné à son marbre cette fleur de la beauté adolescente dont les Gre
de si grands admirateurs (1). On accourait en foule à Thespies pour y admire:
d'œuvre. Aussi, lorsque Caligula le transporta à Rome, ce fut un deuil put
ceux qui le perdaient, et Claude le leur rendit. Néron le reprit plus tard, au r
Pausanias (2), et le plaça de nouveau à Rome, où il disparut dans un incendie.

Le Cupidon qui nous occupe a été trouvé au Palatin, dans les ruines (
impérial : c'est, on peut le dire, une coïncidence significative que la découvert
statue dans un tel lieu.

Le dieu tend son arc, et paraît fier du coup mortel qu'il vient de porter.

Le Cupidon du musée Campana excite une admiration universelle parmi le
admis à le voir. Ses formes sont de la plus grande beauté, et l'expression de l
d'une finesse rare, tout à fait digne du fils de Vénus.

(1) V. Winckelmann, *Mon. inéd.*, t. I, pl. 44. — *Descript. du Mus. des ant.*, 156-160, 193,
Pline, XXXVI, ch. v. — *Mus. Clém.*, t. I, p. 20, pl. 12. — *Mus. des ant.*, t. III, pl. 9, n° :
Cap. t. III, p. 49, pl. 24. — *Mus. Florent.*, p. 47, 48

(2) Pausanias, *Béot.*, ch. xxvii.

BACCHUS

STATUE EN MARBRE

TROUVÉE AUPRÈS DE SAINT-JEAN DE LATRAN

Hauteur : 1ᵐ 80ᶜ

Le dieu des vendanges tient une grappe de raisin dans une main et la coupe dans l'autre. Un tigre est à ses pieds (1).

La tête du dieu est couronnée de lierre. Une vigne serpente autour du tronc qui lui sert d'appui.

Cette statue est d'une élégance exquise.

(1) *Descript. du Mus. des ant.*, p. 33, 67, 78, etc. — *Mus. des ant.*, t. II. — *Mon. ant. du Mus.*, t. I, pl. 70 et 77. — *Mus. Capit.*, t. I, p. 84. — *Mus. Florent*, pl. 54.

DIANE CHASSERESSE

STATUE EN MARBRE

TROUVÉE A CUMA

Hauteur : 1 m 85 c

La sœur d'Apollon est représentée au moment où elle part pour la chasse. C'est la *Diana succincta* avec l'arc et les chiens, telle qu'on la voit dans les médailles de Syracuse et dans les sculptures en marbre, de bas-relief ou de ronde-bosse (1).

> Talia pinguntur succinctæ crura Dianæ
> Cum sequitur fortes fortior ipsa canes (2).

La draperie qui l'enveloppe est ajustée avec un art qui donne beaucoup de grâce et de légèreté à la déesse.

Les traits particuliers de son visage feraient supposer que l'artiste a voulu représenter quelque grande dame de son temps, en retraçant son image sous les traits de Diane. Cette statue serait alors un portrait ou figure *iconique*, si familière à la statuaire antique.

---

(1) *Mon. Gab.*, 32. — *Mus. des ant.*, t. I et II. — *Mon. ant. du Mus.*, t. I, p. 51. — *Descript. du Mus. des ant.*, p. 79, 86, 93, 101, 107, etc.

(2) Ovide, *Amor.*, liv. III, élég. I, v. 31.

ISIS

TÊTE COLOSSALE EN MARBRE

On peut placer l'époque où cette sculpture fut faite au temps d'Adrien, eu égard au mélange des idées qui avaient cours alors.

Isis Égyptienne présente une grande analogie avec la *Rhea* des Latins, fille du Ciel et de la Terre. Les deux cultes s'adressaient à la Nature personnifiée (1).

Cette analogie donne beaucoup d'intérêt à cette tête, qui est, d'ailleurs, d'une remarquable conservation.

(1) V. *Descript. du Mus. des ant.*, p. 138, 144, 166, etc. — *Mon. ant. du Mus.*, t. IV, 51-55. — *Mus. Clem.*, *Bustes*, t. VI, p. 26, pl. 16.

ESCULAPE

STATUE EN MARBRE

TROUVÉE A OSTIE

Hauteur : 2^m 7^c

Esculape, dieu de la médecine, paraît ici avec les attributs qui lui sont propres et qu'on retrouve dans toutes les images que la reconnaissance des hommes lui a élevées (**1**).

La pose, pleine de simplicité, de majesté et de calme, exprime bien un art aspirant à la perfection.

C'est une remarquable étude comme modèle et comme draperie. Le torse surtout est d'une savante anatomie.

(**1**) *Description de la Collection de M. de Choiseul-Gouffier,* par MM. Hase et Dubois, p. 19, 34 et 35. — V. *Mon. ant. du Mus.,* t. I, p. 46, 47. — *Mus. des ant.,* t. I. — *Descript. du Mus. des ant.,* 7, 105. — *Mus. Florent.,* p. 31-33, pl. 22, 23. — *Monumenta Maltæianu,* t. I, p. 47, pl. 56 et 57.

APOLLON

TORSE EN MARBRE

TROUVÉ DANS LES ENVIRONS DE ROME

Hauteur : 1^m 80^c

On reconnaît dans ce marbre le style à la fois grandiose et noble de l'école grecque de la plus belle époque (1).

L'expression de la tête est digne du Dieu du jour, Père de la poésie et de la musique. La chevelure est fouillée avec art et l'ajustement est d'un très-beau goût.

Ce torse peut être placé parmi les plus remarquables fragments de l'antiquité.

(1) *Descript. du Mus. des ant.*, p. 9, 62, 63, 84, 86, 222, 228, 301, 307. — *Mus. des ant.*, t. I et t. III, pl. 1. — Winckelmann, *Mon. inéd.*, pl. 40. — *Description of the British Museum*, t. III, pl. 4 et 7. — *Mus. Cap.*, t. III, p. 25. — *Mus. Florent.*, pl. 8-12. — *Descript. du cabinet d'antiques de M. le comte de Pourtalès-Gorgier*, p. 50, pl. 14.

LES MUSES

Les neuf Muses réunies ici forment une collection unique en ce genre, en
quoiqu'elles aient été trouvées dans des endroits différents, elles sont de la mêr
deur et de proportions presque pareilles. C'est une circonstance tout à fait excep
et qui ne se reproduit pas dans les autres musées de l'Europe (1). On sait que le
du Vatican, n'étant pas d'égale hauteur, laissent regretter ce défaut d'unité.

Cette précieuse conformité donne un prix tout particulier à la collection des M
la galerie Campana.

THALIE

STATUE EN MARBRE

TROUVÉE AUPRÈS DE POUZZOLES

Hauteur : 1ᵐ 86ᶜ

Le masque théâtral que cette Muse tient dans la main indique son caractère (2
La statue, qui est d'une conservation remarquable, est une œuvre pleine de c
et de grâce, qu'on peut placer parmi les œuvres les plus distinguées de l'art antic

(1) *Descript. du Mus. des ant.*, p. 126. — *Mus. Cap.*, t. III, p. 81.
(2) *Mon. ant. du Mus.*, t. I, p. 28. — *Descript. du Mus. des ant.*, 72, 74. — *Collection of the British M*
t. III, pl. 5.

POLYMNIE

STATUE EN MARBRE

TROUVÉE A TUSCULUM

Hauteur : 1 m 87 c

Polymnie était de toutes les Muses celle qui tenait le plus de Mnémosyne leur mère. Elle était la Muse de la rêverie et de la pensée.

L'artiste a rendu admirablement, dans l'exécution de cette statue, les idées qui s'y rattachent (1). C'est par son attitude, plus encore que par des attributs, qu'il l'a caractérisée; car la pensée et le souvenir sont des facultés libres qui ne peuvent se matérialiser par aucun signe.

L'ensemble de la figure est plein de charme et l'ajustement en est très-remarquable.

(1) *Mus. Roy.*, t. II. — *Descript. du Mus. des ant*, p. 126, 299.

EUTERPE

STATUE EN MARBRE

TROUVÉE DANS LES FOUILLES DE VEIES

Hauteur : 1ᵐ 89ᶜ

La Muse de la musique tient à la main la flûte qui lui sert à rendre les accords son art divin.

La pose, gracieuse et simple, de la statue est en concordance parfaite avec l'id d'harmonie que cette Muse représente (1).

Son vêtement qui tombe en plis symétriques contribue à lui donner un aspect d'un rare élégance.

(1) *Descript. du Mus. des ant.*, p. 29 et 137. — *Mus. des ant.*, t. III, pl. 10 et 11, n° 2 et 3. — *Mus Florent.*, p. 21, 22, pl. 16, 17.

CLIO

STATUE EN MARBRE

TROUVÉE A TUSCULUM

Hauteur : 1 ^{m} 70 ^{c}

Muse de l'histoire, a les attributs qui la distinguent et l'attitude devenue
nelle qui la font reconnaître entre toutes (1).

tes les Muses, celle de l'histoire a le visage le plus sérieux. L'expression de
, empreints d'une grande élévation, laisse entrevoir la préoccupation d'une
éditative qui se reporte vers le passé, pour en transmettre les enseignements
.

uvement de cette statue est très-heureux : la draperie est exécutée avec
d'art et de goût.

ipt. *du Mus. des ant.*, p. 126. — *Musée Florent.*, p. 22, 23, pl. 18.

MELPOMÈNE

STATUE EN MARBRE

TROUVÉE AUPRÈS DU FORUM, A ROME

Hauteur : 1 m 99 c

La Muse de la tragédie est figurée dans cette statue avec des caractères qui s'éloignent de la représentation habituelle de Melpomène, telle qu'on la voit dans le musée du Vatican, et ailleurs.

Ainsi, le grand masque tragique qu'elle a à la main est porté différemment; à la place du poignard, elle tient une massue. Il résulte de cette circonstance que la Melpomène du musée Campana serait plus ancienne que les autres et plus rare par conséquent. Ajoutons que son vêtement est un chef-d'œuvre de draperie.

La conservation vraiment miraculeuse de ce beau morceau ajoute encore à son mérite.

(1) V. *Mus. Clém.* t. I. — *Mon. ant. du Mus.* t. I, pl. 30. — *Mus. franç.*, t. IV. — *Mus. des ant.*, t. I. — *Descript. du Mus des ant.*, p. 139-153.

URANIE

STATUE EN MARBRE

TROUVÉE AUPRÈS DE POUZZOLES

Hauteur : 1^m 94^c

Le globe céleste que cette figure a dans la main gauche, et le *radius* qu'elle tient dans la droite, démontrent clairement que c'est Uranie, la Muse de l'astronomie, qui se complaisait à la contemplation du ciel (1). Telle est l'attitude qui lui est donnée dans le bas-relief si connu des *Muses* qui est au musée du Louvre, et dans les autres monuments de l'antiquité. C'est d'elle qu'Ausone a dit :

Urania cœli motus scrutatur et astra.

La noble simplicité de cette statue et son aspect méditatif lui donnent beaucoup d'élégance et le caractère idéal qui lui appartient.

(1) *Descript. du Mus. des ant.*, p. 306. — *Mus. Florent.*, p 20, pl. 14, 15.

CALLIOPE

STATUE EN MARBRE

TROUVÉE DANS LES RUINES DU CIRCUS MAXIMUS

Hauteur : 1 m 95 c

La Muse des héros et des poëmes héroïques se reconnaît ici à ses attributs aussi bien qu'à son attitude (1). Elle serait digne de converser avec Homère, comme dans le bas-relief célèbre qui est au Louvre.

La prêtresse de l'éloquence a sur le front le noble reflet des inspirations que l'art se plaît à lui prêter. Ce précieux marbre reproduit avec bonheur toute la beauté de ce type d'une nature si élevée.

(1) *Mus. Clém. — Descript. du Mus. des ant.*, p. 126.

ÉRATO

STATUE EN MARBRE

TROUVÉE DANS LES ENVIRONS D'ARDÉE

Hauteur : 1^m 92^c

Érato est la Muse charmante des poëtes chantant leurs amours.

C'est la Muse qu'invoque Ovide dans son poëme de l'*Art d'aimer,* à cause de son nom, tiré du verbe grec *aimer*.

> Nunc mihi si quando, puer, et Cytheræa, favete :
> Nunc Erato : nam tu nomen Amoris habes.

L'art, en la personnifiant ici, lui a donné une physionomie remplie d'abandon et de morbidesse, qui répond parfaitement aux idées que son image rappelle (1). La statue, dont l'exécution est d'ailleurs très-remarquable, est une de celles qui rendent le mieux le personnage que ces idées doivent reproduire.

(1) *Descript. du Mus. des ant.,* p. 127.

TERPSICHORE

STATUE EN MARBRE

TROUVÉE A VEIES

Hauteur : 1 ᵐ 85ᵉ

Terpsichore fut d'abord la Muse des chants sacrés et de la poésie héroïque : ces chants étant habituellement accompagnés par la danse, on finit par considérer plus tard la même Muse comme inspirant à la fois la danse et tout ce qui s'y rattache, comme les théories sacrées, les cérémonies hiératiques, les hymnes, etc.

C'est ce qui explique pourquoi ces statues, si l'on en excepte cependant celle du Vatican (1), avaient en général une pose grave, qui se rattachait à la première idée qu'on avait placée sous leur invocation, celle du culte des dieux et des hymnes chantés en leur honneur.

Telle est l'attitude que nous retrouvons dans la belle Terpsichore du musée Campana, dont le mérite est rehaussé par la parfaite conservation de la statue.

(1) *Mus. Clém.* — *Descript. du Mus. des ant.*, p. 438, pour les deux Terpsichore de Canova.

APOLLON ET MARSYAS

SARCOPHAGE EN MARBRE

TROUVÉ DANS LA CAMPAGNE DE ROME

Longueur : 2^{m} 24^{c}

Le bas-relief qui décore ce sarcophage offre un sujet qu'on rencontre en général très-rarement, avec un développement aussi considérable, dans les monuments de l'antiquité (1).

La scène est divisée en deux, comme il arrive fréquemment dans ces sortes de compositions.

• Dans la première partie, on voit Apollon et Marsyas jouant chacun de leur instrument favori, Apollon de la lyre et Marsyas de la double flûte. Entre eux deux, est la Terre ou Cérès qui, avec Minerve, placée au second plan, préside à la lutte comme juge du camp. Cérès semble regarder et écouter Apollon avec plaisir. Derrière Apollon, une figure couchée est la personnification du lieu où l'événement se passe.

Dans la seconde partie, on voit le supplice de Marsyas : il est attaché à un pin ; auprès de lui est son jeune élève Olympus, qui est coiffé du bonnet phrygien, et qui déplore le triste sort de son maître. L'esclave scythe, qui aiguise le couteau pour écorcher le Faune téméraire, offre une analogie frappante d'attitude avec la célèbre statue de Florence, si connue et si répandue sous le nom du *Rémouleur*, et qui est notamment en bronze dans le jardin des Tuileries.

Ce bas-relief, d'une très-belle conservation, est un tableau complet.

(1) WINCKELMANN. — *Mon. inéd.*, pl. 42. — *Mus. des ant.*, t. III, pl. 2. — *Descript. du Mus. des ant.*, 100, 263.

NAIADE SUR UN CYGNE

GROUPE EN MARBRE

Hauteur : 1^m 24^c

Ce groupe, du plus charmant effet, a donné lieu à différentes interprétations.

Une femme nue, assise sur un cygne, faisait naître au premier abord l'idée d'une Vénus; mais les traits du visage, l'ajustement des cheveux et la pose elle-même font exclure cette supposition. On a pu croire aussi que c'était une Léda, dont les rapports avec le cygne sont si connus dans la Fable et dans l'art; mais l'agencement traditionnel du groupe ne se retrouve pas ici, et ni l'une ni l'autre de ces deux conjectures ne semble la vraie. Une troisième opinion, plus savante, expliquerait le groupe en y retrouvant Arsinoë sur l'autruche ou cheval ailé, monture étrange que les vers de Catulle ont rendue célèbre.

En dernière analyse, on serait porté à penser que ce groupe, dont la destination pour une fontaine est évidente, n'est autre qu'une Naïade (1) montée sur un cygne. Les pieds de l'oiseau ont été ingénieusement dissimulés par l'artiste au moyen d'une triple touffe d'acanthe; il semble nager ainsi dans l'eau même.

Considéré sous cet aspect, qui est le plus naturel, l'invention du groupe reprend toute sa grâce, et l'on y reconnaît l'une de ces heureuses créations que la riante fantaisie des anciens savait si bien imaginer pour la décoration des fontaines.

(1) *Descript. du Mus. des ant.*, p. 305.

NAIADE

STATUE EN MARBRE

TROUVÉE A VEIES

Hauteur : 1ᵐ 88ᶜ

La reproduction d'une Naïade est l'un des sujets que l'art des anciens se complaît le plus à traiter, ainsi qu'on vient de le faire remarquer (1).

La Naïade ici est dans toute la fleur de l'âge, de la grâce et de la beauté. Nue dans la partie supérieure du corps, elle est enveloppée d'une draperie depuis la hanche jusqu'aux pieds. Elle tient légèrement de ses deux mains la coquille d'où s'épanchait sans doute l'eau coulant dans la fontaine, dont cette nymphe était à la fois l'ornement et la déesse.

Ce joli marbre est d'une conservation parfaite et d'une élégance exquise.

(1) *Descript. du Mus. des ant.*, p. 305. — *Mus. Clem.*, t. I, p. 70, pl. 36.

LÉDA

GROUPE EN MARBRE

TROUVÉ DANS LES RUINES DE LA VILLE DE VEIES

RESTAURÉ AU SIÈCLE D'AUGUSTE

Hauteur : 1 m 26 c

On connaît le goût des artistes de l'antiquité pour le groupe si célèbre de Léda et du Cygne. Ce groupe fut varié à l'infini, surtout par les artistes grecs, qui, en général, donnèrent la préférence à la manière dont ce sujet se trouve répété dans plusieurs reproductions antiques.

Léda élève son peplum, comme pour recevoir les caresses de l'oiseau emblématique par lequel Jupiter est symbolisé. La composition ainsi comprise offrait des difficultés que l'artiste a su tourner avec adresse, et rien n'y offense le bon goût.

Le groupe si célèbre qui est au musée du Capitole (1) était considéré jusqu'à présent comme l'une des œuvres où se révélait le plus particulièrement la main du maître. La Léda du musée Campana l'emporte, on peut le dire, par la franchise du dessin, par la science de l'exécution et aussi par la rare conservation de l'ensemble.

(1) *Mus. Capit.*, t. III, p. 85, pl. 41. — *Mus. Florent.*, p. 5, 6, pl. 3, 4.

OMPHALE

STATUE EN MARBRE

TROUVÉE A OSTIE

Hauteur : 1 m 95 c

Omphale est coiffée de la peau de lion, dépouille du héros que les charmes de la reine de Lydie ont subjugué (1); c'est le *Leodonum puellœ factus* de Senèque (2) : cette coiffure et le vêtement qui s'enroule si capricieusement et si gracieusement autour d'elle, donnent à cette belle statue un caractère étrange et charmant à la fois.

Le sujet d'Omphale a été reproduit quelquefois dans l'antiquité dans de petites figurines de bronze; mais il est très-rare de le trouver traité en marbre et d'une dimension aussi considérable (3).

Le sculpteur Thornwaldsen a, dit-on, beaucoup étudié cette statue, pendant son séjour à Rome, lorsqu'il ébauchait celle de la *Constance chrétienne* qui se voit aujourd'hui dans l'église de Saint-Pierre, au mausolée de Pie VII.

---

(1) *Mus. des ant.*, t. 1. — *Mon. ant. du Mus.*, t. 3, p. 39. — *Descript. du Mus. des ant.*, 85.
(2) Senèque, *Herc. fur.*, v. 465.
(3) Leonardo Agostini, *Gemme*, pl. 73. — Clavier, *Biblioth. d'Apollodore*, n° 7.

SILÈNE COUCHÉ

STATUE EN MARBRE

TROUVÉE A FALERIA

Longueur : 1ᵐ 58ᶜ

Le compagnon de Bacchus est couché sur le sol, dans un état d'ivresse somnolente (1). Les jambes se croisent nonchalamment : tout exprime, dans cette figure, le repos et l'abandon.

Ce marbre était destiné à la décoration d'une fontaine. Pendant que le dieu rustique dort, il ne peut retenir fermé le col de l'outre, de laquelle le vin s'échappe. C'est par là que s'écoulait, par une disposition ingénieuse, l'eau de la fontaine.

Cette statue ornait le péristyle du théâtre de Faleria.

(1) *Mon. ant. du Mus.*, t. II, p. 10 et 11. — *Descript. du Mus. des ant.*, 175 et 177. — *Mus. des ant.*, t. III, pl. 112, 2. — *Augusteum de Dresde*, pl. 71.

SATYRE

TÊTE EN MARBRE

UN PEU PLUS GRANDE QUE NATURE

TROUVÉE A HERCULANUM

Cette tête de Satyre présente les caractères mélangés de la tête du bouc et de la tête de l'homme.

Cet idéal étrange est, d'ailleurs, en parfait accord avec la tradition artistique du Satyre, telle que les poëtes païens nous l'ont léguée.

L'exécution de ce morceau est d'un rare mérite, et la conservation, qui est complète, permet d'en apprécier toute l'importance.

HERMAPHRODITE

STATUE COUCHÉE EN MARBRE

PROVENANT DE LA VILLA ADRIANA

Longueur : 1ᵐ 55ᶜ

Pline parle avec éloge d'une statue d'Hermaphrodite, œuvre de Polyclès, sculpteur athénien, qui vivait à une époque postérieure à celle de Praxitèle et de Lysippe. C'est fondé à croire que les statues connues d'Hermaphrodite sont des imitations de celle de Polyclès, qui était en bronze (1).

Les proportions de celle-ci, qui est d'une dimension plus petite que toutes les autres, la rapprochent peut-être davantage de l'œuvre de Polyclès : c'est l'un des caractères de l'art grec de faire briller, dans des proportions un peu au-dessous de la nature, toute l'élégance et toute la grâce d'une figure.

Aussi rien n'est plus charmant à la vue que l'Hermaphrodite du musée Campana, qui réunit et résume ce que la beauté de l'homme et celle de la femme offrent dans leur ensemble de plus parfait.

Le travail du marbre est d'une touche pleine de savoir et de finesse et la figure entière est d'une conservation qui y ajoute beaucoup de prix.

(1) *Recueil de statues de* ROSSI, *publié par* MAFFEI. — *Descript. du Mus. des ant.*, p. 184-205. — *Mus. d'ant.*, t. III, pl. 14. — *Mus. Florent.*, p. 4, 5, 46.

HYLAS

STATUE EN MARBRE

TROUVÉE SUR LA VOIE FLAMINIA

Hauteur : 1ᵐ 36ᵉ

On suppose que cette charmante statue, ainsi que la suivante, qui lui sert de pendant, est Hylas, jeune compagnon d'Hercule, qui était si beau que les Nymphes l'enlevèrent, ou bien encore un Génie des eaux, car ces deux statues, qui tiennent chacune à la main une urne, concouraient sans doute à l'ornement d'une fontaine.

Ces figures sont remarquables par la grâce, la naïveté et la pureté de leurs formes qui appartiennent aux meilleures écoles de la Grèce. On peut dire qu'il y a de l'Antinoüs jeune dans ces deux statues, comme dans tout ce qui reproduit chez les anciens la beauté juvénile.

HYLAS

STATUE EN MARBRE GREC

TROUVÉE SUR LA VOIE FLAMINIA

Hauteur : 1 ᵐ 38 ᶜ

Presque semblable à la précédente, cette statue n'en diffère que très-peu dans pose.

On y retrouve ce goût de parallélisme que les anciens aimaient à reproduire da la disposition des ouvrages de sculpture, particulièrement dans les nymphées fontaines publiques.

LE FLUTEUR

STATUE EN MARBRE GREC

TROUVÉE AUX ENVIRONS DE TUSCULUM

Hauteur : 1^m 25^c

Cette ravissante statue est la personnification vivante et exquise de la grâce frêle et juvénile. Les muscles délicats du torse sont empreints d'une sorte de morbidesse tout adolescente, et l'ensemble de cette figure délicieuse est d'une ligne charmante.

On serait porté à supposer, en voyant la double flûte que le jeune garçon tient entre ses doigts et qu'il paraît essayer avec plaisir, que c'est Olympus, l'inventeur de la flûte.

Mais si l'on songe aux jeux sacrés de la Grèce et aux rôles nombreux que les jeunes gens étaient admis à y jouer (1), on trouve plus naturel peut être d'y voir un de ces éphèbes qui, par leur succès, avaient mérité l'honneur d'une statue (2). En général, rien n'est aussi beau, aussi élevé, aussi pur, dans la sculpture des anciens, et en général dans l'art, que ces statues qui reproduisent les héros si nombreux du gymnase.

(1) *Descript. du Mus. des ant.*, p. 127-304. — *Lettres du Père Paciaudi au Comte de Caylus.*

(2) Pindare, *Néméennes*, II, IV et V. — Pausanias, liv. V, ch. xi. — Pline, liv. XXXVI, ch. xix.

JEUNE ATHLÈTE

STATUE EN MARBRE GREC

TROUVÉE A POUZZOLES AUX ENVIRONS DE NAPLES

Hauteur 1^m 86^c

Les maîtres les plus célèbres se sont plu à exécuter des statues en l'honneur
jeunes gens vainqueurs dans les jeux solennels de la Grèce. Ils y trouvaient l'occa
de rendre par la sculpture toutes les grâces de l'adolescence, et ils traitaient ce s
avec préférence et on peut dire avec une véritable passion (1).

C'est évidemment au ciseau de l'un d'eux que l'on doit ce morceau d'art
remarquable. On retrouve dans les peintures des vases grecs les contours et m
les attitudes de ce type élégant. On y voit aussi la strigile que le jeune athlète por
la main, et qui était l'instrument indispensable pour paraître dans le gymnase.

(1) *Descript. du Mus. des ant.*, p. 127 304. — *Lettres du Père Paciaudi au Comte de Caylus*, p. 314 et s
— Pindare, *Néméennes,* II, IV et V. — Pausanias, liv. V, ch. XI.

JEUNE LYCHNOPHORE

STATUE EN MARBRE GREC

TROUVÉE A CUMA

Hauteur : 1ᵐ 69ᶜ

Des jeunes filles, choisies parmi les plus jeunes et les plus belles, figuraient, comme les jeunes garçons dans les jeux solennels de la Grèce, aux fêtes données en l'honneur de Cérès et des autres divinités.

C'est sans doute dans l'une de ces fêtes que l'artiste qui a sculpté cette statue s'est inspiré.

La naïveté de l'expression, la beauté de la pose et l'exécution savante de la draperie placent ce marbre au nombre des plus beaux qui aient été trouvés parmi les ruines de l'antiquité.

NIOBÉ

TÊTE COLOSSALE

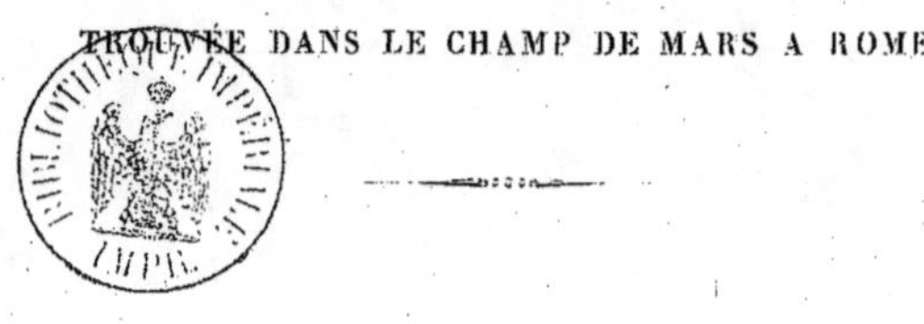

TROUVÉE DANS LE CHAMP DE MARS A ROME

Il y a, parmi les productions classiques de l'art grec, peu de morceaux aussi beaux que cette tête de Niobé.

L'expression à la fois noble et résignée du visage, la tête penchée, en signe de tristesse, en indiquent suffisamment le sujet, qui est d'ailleurs reproduit dans les autres sculptures de l'antiquité et dans les pierres gravées (1).

C'est bien la Niobé, figure suprême de la douleur, la touchante victime d'Apollon et de Diane.

(1) *Descript. du Mus. des ant.*, p. 168. — *Mus. des ant.*, t. III, pl. 17.

LA FAMILLE DE NIOBÉ

BAS-RELIEF EN MARBRE GREC

PROVENANT DE L'ATTIQUE

Longueur : 1 m 80 c

On sait que l'histoire de Niobé et de la vengeance qu'Apollon et Diane en tirèrent a inspiré à l'antiquité plusieurs compositions pleines de pathétique et de grandeur. Scopas et Praxitèle firent sur ce sujet leurs principaux chefs-d'œuvre (1). Il ne serait pas étonnant que le bas-relief que nous avons sous les yeux fût du premier de ces maîtres.

Apporté de la Grèce à Rome vers la fin du seizième siècle, ce bas-relief fut sans doute, dans l'origine, placé dans un temple d'Apollon, dont il décorait la frise.

On suppose, par ce qui reste de la composition, que dans ce sujet Apollon et Diane devaient assister à l'extermination de la malheureuse postérité de Niobé, en se tenant sans doute aux deux extrémités du bas-relief qui manquent aujourd'hui : ils paraissent comme indiqués par la direction des regards et des gestes de leurs victimes.

Une jeune fille, dans une attitude désespérée, semble adresser des imprécations à Diane, qui évidemment ne devait pas se trouver loin d'elle. Le mouvement et l'élan de cette figure, les plis de son vêtement, qu'elle relève d'une main comme pour en couvrir sa tête et se dévouer au sort qui l'attend, forment un ensemble saisissant. Au désespoir de cette jeune fille se mêle la douleur de voir son frère gisant, renversé auprès d'elle. Cette figure, du meilleur style, offre dans sa pose un développement d'une si grande difficulté et en même temps d'une exécution si facile, que ce morceau suffirait à lui seul pour révéler le maître.

Après elle vient une autre de ses sœurs, qui accourt avec anxiété au secours de son frère expirant. Le bras qu'elle lève vers Diane cache un peu sa tête légèrement penchée en avant. L'artiste a usé du même artifice que le célèbre Timanthe voilant la tête d'Agamemnon dont il ne pouvait rendre la douleur. La draperie de cette figure est admirable.

On voit ensuite le groupe des deux jeunes sœurs, dont l'une est absorbée par la douleur. A partir de ce groupe, la composition semble se retourner vers Apollon.

Un jeune homme est gisant par terre; à côté de lui, son frère chancelle, déjà près de tomber.

Enfin, voici la malheureuse fille d'Amphion elle-même. Elle soutient le plus jeune de ses enfants qu'elle presse contre son sein. Ce groupe est sublime : l'enfant lève son regard vers sa mère et enlace son cou de son bras droit, dernière étreinte de l'amour filial.

Il est difficile d'imaginer quelque chose de plus pur, de plus tendre, de plus douloureux et en même temps de plus savant que ce tableau de marbre. Le mérite de l'expression est là, comme dans tout le bas-relief, relevé par la magnificence de l'exécution. La touche de l'artiste y est d'une puissance qu'on ne rencontre que très-rarement ailleurs. Les difficultés sont rendues sans effort : l'art disparaît et fait place à la nature elle-même.

(1) PLINE, XXXVI, c. IV, § 8. — WINCKELMANN, t. III, liv. VI, ch. II, t. IV, p. 37. — *Descript. des ant.*, p. 168. — *Mus. Clém.*, t. IV, p. 33. — *Mus. Capit.*, t. III, p. 87.

THÉSÉE

STATUE EN MARBRE

TROUVÉE AUPRÈS DE LA VOIE APPIENNE

Hauteur : 2ᵐ 24ᶜ

Cette figure héroïque, presque colossale, est d'une grande beauté, surtout par la vigueur de l'anatomie.

Le torse est d'une force de relief que l'on ne rencontre que rarement dans les chefs-d'œuvre de l'art antique, tels que le Gladiateur Borghèse, le Discobole, l'Apoxiomenos, qui est au Vatican (1), etc.

L'action de la composition semble se placer au moment où le fils d'Égée vient de retrouver les armes de son père. Il paraît fier de les posséder. Auprès du tronc qui sert de soutien à la statue, on voit la massue et la peau de lion : ces attributs conviennent au héros qui aimait à se comparer à Hercule.

(1) *Lettres du Père Paciaudi au Comte de Caylus*, p. 307 et suiv.

PHÈDRE ET HIPPOLYTE

SARCOPHAGE EN MARBRE

TROUVÉ DANS LA CAMPAGNE DE ROME

Longueur : 2ᵐ 18ᶜ

Ce bas-relief retrace une partie de l'histoire si pathétique de Phèdre (1).

Le fils de Thésée est au milieu de ses compagnons de chasse; il reçoit le message de Phèdre, qu'Enone lui apporte. Son cheval et ses chiens sont auprès de lui.

La seconde partie représente Phèdre malheureuse et désolée. Sa nourrice et l'une de ses femmes la consolent. L'Amour, placé auprès d'elle, semble l'exciter à persister dans sa passion criminelle.

(1) *Descript. du Mus. des ant.*, p. 8 — *Mus. des ant.*, t. III, pl. 21.

PHÈDRE ET HIPPOLYTE

SARCOPHAGE EN MARBRE

TROUVÉ SUR LA VOIE LATINE

Longueur du sarcophage : 2^m 65^c. — Hauteur des figures : 80^c

Ce magnifique sarcophage colossal est l'une des plus belles pages de la statuaire antique.

Hippolyte, comme dans le bas relief précédent, reçoit debout et dédaigneux, avec une indifférence marquée, le message de Phèdre. Les traits flétris d'Enone contrastent avec l'élégance du fils de Thésée, lequel est dans toute la fleur de la jeunesse. L'écuyer, nu et vu de dos, qui tient le cheval d'Hippolyte, est l'une des figures les plus remarquables par le grand style du dessin et la mâle beauté de l'anatomie. Le héros, les chasseurs ses compagnons, beaux comme des Antinoüs, les chevaux, vivants comme ceux que la main de Phidias a sculptés dans la frise si célèbre du Parthénon, les lévriers élancés, tout cela constitue un ensemble digne du ciseau de ce grand maître et rappelle son inspiration idéale, servie à souhait par une entente accomplie de toutes les parties de l'exécution, où la liberté d'un ciseau sûr de lui-même s'allie à la grandeur de la conception.

Les deux bas-reliefs placés aux deux extrémités de ce sarcophage représentent, l'un, Phèdre dans son manteau royal, assise et désolée, avec Enone qui cherche à la consoler et deux Amours qui semblent s'associer perfidement à sa douleur, et l'autre la chute d'Hippolyte. Ce dernier morceau est d'une valeur tout exceptionnelle. Le mouvement des chevaux qui se cabrent, le développement artistique et la beauté des formes de ces animaux, l'enchevêtrement violent du groupe et le trouble des compagnons du héros, ont un caractère superbe d'idéalité et, en même temps, de réalité qui saisit d'admiration le spectateur.

Ce sujet si terrible des amours de Phèdre et d'Hippolyte a été traité assez fréquemment en Grèce, à cause de la vénération des Athéniens pour le fils du fondateur de leur ville (1). Mais jamais, on peut le dire, l'art grec n'a conçu et produit une composition d'une richesse aussi merveilleuse et en même temps d'une exécution aussi supérieure que le bas-relief du Musée Campana, composition rare, inspirée et classique à la fois.

______

(1) *Descript. du Mus. des ant.*, p. 8. — *Mus. des ant.*, t. III, pl. 21. — WINCKELMANN, *Mon. ined.*, pl. 102.

LAOCOON

BUSTE EN MARBRE

UN PEU PLUS GRAND QUE NATURE

TROUVÉ A TUSCULUM

L'expression de la souffrance rendue si noblement, la tête penchée en arrière, les yeux levés au ciel avec angoisse, ne permettent pas de douter que ce buste ne soit une tête de Laocoon, fragment détaché de quelque grand groupe, dont il est en quelque sorte le résumé douloureux (1). La comparaison avec le Laocoon si célèbre du Vatican donne toute certitude à ce sujet.

On peut dire que ce marbre souffre et vit.

Que ce fragment soit ou non sorti du ciseau des artistes rhodiens, de Polydore, d'Agésander ou d'Athénodore, il n'en est pas moins vrai qu'il est considéré par les artistes les plus compétents, pour la grandeur et la vérité de l'expression, comme supérieur même au Laocoon du Belvédère. Pour un observateur exercé, la main d'un grand artiste se fait sentir, d'une manière incontestable, dans cette tête, qui est un chef-d'œuvre.

(1) PLINE, liv. XXXI, c. IV, § 11. — VISCONTI, *Mus. Clém.*, t. II, pl. 39. — *Dessin*, ch. VI, p. 64.

HOMÈRE

HERMÈS EN MARBRE

TROUVÉ A OSTIE

Hauteur : 80 ᶜ

Il existe de nombreux bustes d'Homère, dont la tradition a fait un type conventionnel (1).

Le musée du Capitole, dans sa célèbre salle des philosophes, en contient à lui seul plusieurs exemplaires, ainsi que le musée du Louvre, celui de Mantoue, celui de Naples, etc.

Nous avons consacré ailleurs à l'effigie d'Homère toute l'attention que mérite le divin poëte.

Le buste d'Homère du musée Campana n'est pas un des moins intéressants : il est digne des plus beaux temps de la Grèce.

---

(1) Pausanias , *Élide,* ch. xxvi ; *Phocide,* ch. xxiv. — *Icon. gr.*, t. I, p. 52, 53. — *Mus. des ant.*, vol. I. — *Mon. ant. du Mus.*, t. II, p. 66. — *Descript. du Mus. des ant.*, p. 194. — *Mus. Cap.*, t I, pl. 54, 55 ; t. III, pl. 32.

HÉRODOTE

HERMÈS EN MARBRE

TROUVÉ A TUSCULUM

Hauteur : 50ᶜ

Le père de l'histoire est représenté ici avec cette ressemblance bien caractéristique (1) dont la postérité se plaît à admirer la noblesse. On ne peut avoir aucun doute
à ce sujet.

On possédait dans l'antiquité plusieurs images d'Hérodote, celle entre autres qui
avait été transportée dans le gymnase de Zeuxippe à Constantinople, et qui a fait le
sujet de quelques vers de Christodore Coptite dans les Analectes de Brunck (2).

L'hermès à deux faces qui passa de la collection de Fulvius Ursinus à celle des
Farnèse, et qui paraît être une réplique, nous a conservé le double portrait d'Hérodote
et de Thucydide. Les inscriptions qui y sont gravées offrent les noms des deux illustres
historiens.

Une médaille d'Halycarnasse, frappée sous Antonin le Pieux, porte au revers le nom
d'Hérodote.

L'hermès de la galerie Campana est un buste précieux, en ce qu'il est l'une des têtes
les plus remarquables et les plus rares de l'iconographie grecque.

(1) *Iconogr. grecque,* t. I, p. 227. — *Mus. Capit.,* t. I, pl. 67, et t. III, pl. 39.
(2) *Analecta,* t. II, p. 470.

SOPHOCLE

ET

ARISTOPHANE

HERMÈS A DOUBLE FACE

TROUVÉ A LA VILLA ADRIANA

Hauteur : 51 ᶜ

Cet hermès est fort curieux en ce que, d'un côté, il présente la figure de Sophocle, l'un des pères de la tragédie, et de l'autre Aristophane, l'un des pères de la comédie, tous les deux l'honneur de la Grèce.

La physionomie de Sophocle était bien connue de l'antiquité : sa statue se voyait à Athènes, du temps de Pausanias, avec celles d'Euripide, de Ménandre, sous les portiques de ce même théâtre qui fut aussi le théâtre de leur gloire.

On en a gravé un petit buste, découvert à Rome en 1778 et qui est au Vatican, avec le nom du poëte au bas (1). Faber en a publié un portrait, d'après un médaillon de marbre, qui diffère un peu des gravures qu'ont publiées Fulvius Ursinus, Bellori et Gronovius.

Les portraits d'Aristophane sont plus rares : le musée du Capitole a sous le nom du poëte un beau buste; c'est une tête au visage hardi, au front élevé, les yeux à fleur de tête.

On sait qu'à l'entrée du musée du Vatican se trouvent aujourd'hui deux hermès personnifiant la comédie et la tragédie, lesquels étaient autrefois à la porte de la villa Adriana.

On a réuni de nos jours une vaste collection de ces hermès dans lesquels l'antiquité aimait à reproduire des dieux, tels que Jupiter, Sérapis, Ammon, des rois de Syrie, et des grands hommes, tels que Pythagore, Carnéades, Antisthènes, etc.

Le double hermès du musée Campana est l'un des plus intéressants parmi tous ceux qui ont été recueillis jusqu'ici.

(1) *Iconogr. grecque*, t. I, p. 82. — *Mus. Clém., Bustes*, t. VI, p. 40, pl. 27.

SAPHO

BUSTE EN MARBRE

TROUVÉ AUPRÈS DES THERMES DE CARACALLA

Hauteur : 61 c

La rareté des bustes de Sapho donne beaucoup de prix à celui-ci.

La ressemblance avec le type attribué à l'illustre Lesbienne (1) est incontestable.

Silanion, sculpteur grec, contemporain de Lysippe, avait exécuté une statue de Sapho, qui fut enlevée du Prytanée de Syracuse par Verrès (2). Pline mentionne un portrait de Sapho peint par Léon (3). Le musée du Capitole conserve aujourd'hui deux bustes (4) sous le nom de Sapho.

Le buste du Musée Campana reproduit à merveille cette tête plus étrange que belle. Sapho a dit d'elle-même, par la bouche d'Ovide, « *qu'elle était brune, passionnée ;* que la nature lui avait refusé la beauté extérieure, mais qu'elle l'avait dédommagée par le génie (*ingenio*) des disgrâces de sa personne (*formæ damna.*). »

La Sapho du musée Campana est donc un morceau précieux à plus d'un titre.

---

(1) STRABON, liv. XIV, p. 646. — POLLUX, *Onomast.*, liv. IX, § 84. — TATIEN, *Discours aux Grecs.* — Em. DAVID, *Chronol. des sculpt. gr.*, p. 132. — MAFFEI, *Gem. ant.*, t. I, n° 70. — *Icon. grecque.*

(2) CICÉR., *Verr.*, IV, 57.

(3) PLINE, liv. XXXV, § 35, 39.

(4) *Mus. Capit.*, t. I, pl. 58, 55 ; t. III, p. 36. — *Mus. Fiorent.*, t. I, pl. 43, n°s 8 et 9.

SOCRATE

STATUE EN PIED

TROUVÉE A TUSCULUM

Hauteur : 2ᵐ 15ᶜ

Avant la découverte de ce marbre, on ne connaissait guère que des bustes du grand philosophe grec (1). Cette circonstance donne à la statue en pied du musée Campana un prix tout particulier.

La physionomie de Socrate, qui nous a été transmise dans l'histoire et dans les œuvres de la glyptique, est ici pleine de vérité.

Les manuscrits roulés en papyrus à ses pieds indiquent la collection de ses œuvres que les sectateurs de sa philosophie ont recueillies de son vivant.

---

(1) *Description de la Collection de M. de Choiseul-Gouffier,* par MM. Hase et Dubois, p. 19. — *Icon. gr.,* t. I, pl. 163. — *Mon. ant. du Mus.,* t. II, pl. 71. — *Mus. des ant.,* t. III, pl. 4. — *Descript. du Mus. des ant.,* p. 193 et 196. — *Mus. Clém.,* t. VI, pl. 28. — *Mus. Cap.,* t. I, pl. 14, 15. — *Mus. Florent.,* pl. 41.

DÉMOSTHÈNES

STATUE ASSISE

TROUVÉE A TUSCULUM

Hauteur : 1 ᵐ 64ᶜ

On sait que les Athéniens, après avoir injustement banni Démosthènes, firent rapporter le décret qui prononçait contre le grand orateur une sentence d'exil. Ils lui élevèrent alors, après sa mort, sur la place d'Athènes, une statue de bronze qui fut exécutée par Polyeucte.

Le Démosthènes du musée Campana est demi-nu et drapé. Il tient d'une main un papyrus et de l'autre il s'appuie sur son siége. La draperie du pallium est traitée avec ce goût simple et sévère dans lequel excellaient les artistes grecs. La tête si méditative et si fine ne laisse aucun doute sur l'authenticité du personnage (1).

Ce marbre peut rivaliser avec le Démosthènes du Vatican qui est debout.

Le lieu où il a été trouvé, comme le Sénèque, ferait supposer que ces statues historiques décoraient la villa de Cicéron à Tusculum.

---

(1) *Icon. gr.*, t. I, p. 256, pl. 29. — *Mus. Clém.*, t. III, pl. 14. — WINCKELMANN DE FEA, t. II, pl. 10. — *Ant. d'Hercul. Bronzi*, pl. 11, 12, 13 et 14. — *Mus. des ant.*, t. III, pl. 4. — *Mon. ant. du Mus.*, t. II, p. 76 et 77. — *Christod. Anth.*, t. I, p. 38, v. 23. — *Descript. du Mus. des ant.*, p. 45, 87, 238.

ALEXANDRE LE GRAND

DEMI-FIGURE EN MARBRE

TROUVÉE SUR LE MONT AVENTIN

Hauteur : 1ᵐ 48ᶜ

On peut se faire une juste idée, en contemplant cette tête d'une conservation merveilleuse, de la grandeur du style de Lysippe et de la beauté idéale du galbe d'Alexandre, si célèbre dans l'antiquité. Ce buste est à la fois un portrait et une étude : il est inspiré comme type et il est vrai comme ressemblance.

Les portraits du héros macédonien sont rares : celui-ci, un des plus remarquables, peut être mis en parallèle avec l'hermès si connu du musée du Louvre, qui est considéré comme le portrait-type d'Alexandre (1).

Le fragment du musée Campana est d'une rare beauté et du style le plus pur. Il est à supposer que la statue était revêtue, dans la partie inférieure, d'un pallium de bronze doré ou de tout autre métal précieux.

(1) *Icon. gr.*, pl. 39. — *Mon. ant. du Mus.*, t. III, pl. 2, 3 et 4. — *Mus. des ant.*, t. I et III. — *Mon. Gab.*, n° 23. — *Descript. du Mus. des ant.*, pl. 61, 176 et 236. — *Mus. Capit.*, t. III, p. 98.

CANDÉLABRES

EN MARBRE

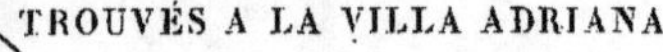

TROUVÉS A LA VILLA ADRIANA

Hauteur : 2 ^m 74^c

Les anciens introduisaient l'art partout, et il n'est personne qui, en visitant le musée de Pompéi à Naples, n'ait admiré les ustensiles à usages domestiques sur lesquels les artistes romains et grecs répandaient tous les trésors de leur riche fantaisie.

Les candélabres et les lampes étaient l'objet de leur prédilection; le sculpteur et l'ornemaniste se jouaient dans les arabesques si élégantes dont ils les embellissaient. Ceux des Étrusques, d'Égine et de Tarente étaient très-célèbres (1).

Ces deux beaux candélabres, de proportion colossale, sont aussi remarquables par l'invention pleine de goût de l'ensemble que par l'exécution soignée des détails. Ils étaient tout à fait dignes d'orner la villa de l'empereur Adrien à Tivoli, dans les fouilles de laquelle ils furent découverts, sous Pie VI, avec beaucoup d'autres monuments de tous genres trouvés en même temps.

Ces deux morceaux d'art peuvent être comparés à tout ce que la collection des candélabres du Vatican possède de plus beau.

---

(1) *Descript. du Mus. des ant.,* p. 42, 44, et *passim.* — *Description of the British Museum,* t. I, pl. 5. — WINCKELMANN, *Mon. inéd.,* pl. 30. — *Mus. Clém.,* t. V, p. 4, pl. 3.

CAIUS MARIUS

STATUE EN MARBRE

TROUVÉE A OTRICOLI

Hauteur : 1ᵐ 99ᶜ

Cette belle œuvre, admirablement drapée, est d'un très-beau style.

Elle répond parfaitement aux traits de ce personnage célèbre de la république romaine tels que l'histoire les a conservés (1) et tels que les présente le buste de la collection Barberini, vulgarisé par les nombreuses reproductions qui en ont été faites et qui figurent dans les cabinets d'érudits et dans les académies.

Cette statue, trouvée dans les fouilles d'Otricoli (l'ancien Otriculum), sous Pie VI, qui en fit présent au marquis Campana, aïeul du propriétaire actuel, est unique dans les galeries de l'Europe; car aucune d'elles ne possède en pied une statue pareille, aussi universellement acceptée, sans conteste, comme étant le type de Marius.

(1) *Mon. Capit.*, t. III, p. 106. — *Mus. Florent*, pl. 82.

SYLLA

STATUE EN MARBRE

TROUVÉE AU MONT VIMINAL A ROME

Hauteur : 2ᵐ 24ᶜ

Le rival heureux de Marius (ainsi que Sylla se nommait lui-même) est ici représenté en toge et dans la pose d'un orateur : il semble présider une assemblée.

Les médailles, qui ont été frappées à son effigie par ses descendants, nous ont conservé les traits de son visage. La tête, intelligente, concorde parfaitement avec le buste si célèbre de la collection Barberini Sciarra (1).

La statue reproduit à merveille, on peut le dire, le type de ce dictateur de mœurs suspectes, qui porte dans son masque tous les signes de cette volonté implacable dont son histoire offre des traits si nombreux.

(1) *Mus. Florent.*, pl. 82.

MARCUS BRUTUS

STATUE EN MARBRE

TROUVÉE AUX ENVIRONS DE TUSCULUM

Hauteur : 1 ᵐ 88ᶜ

Cette statue de Marcus Brutus, un peu plus grande que nature, est encore une de celles qu'il est le plus difficile de rencontrer dans les plus riches galeries.

Les portraits même du meurtrier de César sont d'une rareté extrême.

Marcus Brutus est représenté ici dans l'attitude et avec l'habillement que les Romains donnaient au succès heureux (*bonus eventus*) (1). C'est évidemment une allusion aux espérances que la mort de César inspirait à ses ennemis. Quelquefois les Romains appelaient ainsi le dieu qui présidait à la récolte, et qu'ils honoraient sous le nom de *Bonus Eventus* (dieu de la *bonne année*). Les Grecs donnaient à la même divinité le nom d'*Agathon*.

La statue de Brutus est à moitié nue, ce qui permet d'admirer la grande beauté du torse; la draperie, qui ne couvre qu'une petite partie du corps, laisse voir à découvert la belle anatomie des jambes, et retombe derrière le dos qui est également nu. Le type du visage, admirablement caractérisé, est supérieur encore, on peut le dire, au buste du Capitole.

Le style de toute cette œuvre est noble et sévère, dans la draperie aussi bien que dans la partie nue : il convient à la fois au personnage qu'elle reproduit et à cette époque où l'art grec exerçait déjà à Rome une influence marquée.

(1) *Mon. ant. du Mus.*, t. IV, pl. 61. — *Descript. du Mus. des ant.*, p. 122 (*Bonus Eventus*). — Em. DAVID, *Chronol. des sculp grecs*, p 66.

"

POMPÉE LE GRAND

BUSTE EN MARBRE

TROUVÉ A ROME

DANS LES FONDATIONS D'UNE MAISON AUPRÈS DE LA « PROPAGATION DE LA FOI »

Hauteur : 87ᶜ

Cet admirable portrait du grand Pompée est d'une vérité d'expression qui en rehausse encore la valeur artistique.

Jusqu'ici la numismatique et la glyptique romaines n'avaient fourni qu'un type imparfait de la noble figure de l'adversaire malheureux de César.

C'est donc un monument précieux pour l'histoire (1) et pour l'iconographie que ce buste, qui manque à la plupart des musées. Il y en a, en effet, très-peu qui le possèdent, et aucun ne l'a dans un état aussi parfait de conservation.

---

(1) V. PLINE, liv. VII, § 26; XXXVII, 2. — TACITE, *Ann.*, XIII, 6. — VELLEIUS PATERC., II, 29. — PLUTARQUE, *Vie de Pompée*, p. 619.

SEXTUS POMPÉE

BUSTE EN MARBRE

TROUVÉ AUPRÈS DE TUSCULUM

Hauteur : 90ᶜ

Le fils du grand Pompée, qui soutint si glorieusement sur mer l'honneur de son nom et de son parti, est représenté dans ce buste avec des attributs et des accessoires qui ne laissent aucun doute sur son authenticité.

Outre les traits de son visage, qui se rapprochent beaucoup des médailles sur lesquelles sa tête est gravée, il y a dans ce buste un petit bas-relief qui le rattache au piédouche et sur lequel on voit la proue d'un vaisseau romain présentant la tête de l'un des castors couverte du *pileum* en forme d'œuf et ornée d'une couronne radiée. Auprès de cette proue sont un bouclier et une lance. Tous ces attributs conviennent parfaitement à Sextus, qu'on flattait ingénieusement en le représentant comme dominateur de la mer. Il a été trouvé auprès de Tusculum, comme, du reste, le buste de marbre de Paros du même personnage (1) qui est au musée du Louvre.

(1) *Descript. du Mus. des ant.*, p. 68. — *Mus. des ant.*, t. III.

JULES CÉSAR

STATUE EN MARBRE

TROUVÉE DANS LES ENVIRONS DE CUMA

Hauteur : 1 m 80 c

Cette belle figure est pleine de gravité et de noblesse : elle est digne du personnage qu'elle personnifie.

L'habillement civil des Romains, déjà si sévère par lui-même, emprunte un degré de plus de magnificence à l'arrangement que l'artiste a su lui donner.

La tête offre une ressemblance incontestable avec les médailles, les pierres gravées et les monuments antiques en marbre (1). « Il avait, dit Suétone, une stature élevée, le teint blanc, les membres bien faits, le visage assez plein, les yeux noirs et vifs. »

On sait que les statues de César aussi bien conservées sont très-rares.

Il tient à la main droite un papyrus. On serait tenté de supposer que ce sont ses immortels Commentaires, qui l'ont placé si haut comme écrivain.

(1) *Descript. du Mus. des ant.*, p. 185. — *Mus. Capit.*, t. I.

AUGUSTE JEUNE

BUSTE

TROUVÉ AUX ENVIRONS DU PALATIN

Hauteur : 58ᶜ

Les portraits d'Auguste jeune portent dans leur aspect une gravité et une précocité d'intelligence qui donnent bien une idée de l'enfance de ce grand homme, qui, à douze ans, prononça devant le peuple assemblé l'éloge de son aïeule Julie (1).

Le buste du Vatican jouit d'une véritable célébrité en ce genre : ce marbre vient se placer de lui-même pour l'âge entre ce petit buste et les portraits d'un âge plus avancé (2).

Il y a lieu de remarquer la grande ressemblance, d'ailleurs si connue, de ce buste d'Auguste avec celui de Napoléon Iᵉʳ.

(1) SUÉTONE, *Vie d'Oct. Aug.*, § VIII.
(2) *Mus. Clém.*, t. II, pl. 45. — *Mus. des ant.*, t. I. — *Mon. ant. du Mus.*, t. III, pl. 45. — *Descript. du Mus. des ant.*, p. 48, 55 et 117. — *Iconogr. rom.*, 1ʳᵉ partie.

AUGUSTE ASSIS

STATUE EN MARBRE

TROUVÉE A CUMA

Hauteur : 2 m 20 c

L'artiste a donné à Auguste l'attitude et le vêtement de Jupiter. C'est ainsi qu'on offrait l'empereur à l'adoration des Romains.

On a replacé sur le globe qu'il tient à la main la petite Victoire de bronze, telle que la donnent les monuments anciens (1).

L'empereur est assis et demi-nu; le torse, qui présente la plus belle division musculaire, est un chef-d'œuvre de modelé, et la tête a tous les caractères de beauté et d'expression qu'offre ce type remarquable du premier Auguste. Sa ressemblance avec l'empereur Napoléon Ier devient ici encore plus évidente.

Suétone dit qu'Auguste « avait un extérieur des plus distingués qui resta dans toute sa beauté durant les divers âges de sa vie, qu'il avait un visage calme et serein, des yeux clairs et brillants, les sourcils rapprochés, le nez aquilin et effilé vers la pointe; que sa tête était faiblement penchée, que son teint, brun, avait de l'éclat, qu'enfin sa taille moyenne était bien proportionnée. »

Cette magnifique figure, l'une des plus importantes du musée Campana, prend place dans l'histoire, comme dans l'art, avant les autres statues si célèbres qui représentent ainsi l'empereur Tibère, et qui se voient, au nombre de deux, au Vatican, l'une provenant des fouilles de Privernum (Piperno), et l'autre de celles de Veies (Isola Farnese).

---

(1) *Mus du Vat.* — *Mus. Clém.*, t. II, pl. 45. — *Mon. ant. du Mus.*, t. III, pl. 45. — *Mus. des ant.*, t. I. — *Descript. du Mus. des ant.*, p. 48, 55 et 177. — *Mus. Capit*, t. III. p. 107. — *Iconogr. rom.*, 1re partie. — Tacite, *Ann.*, I, XIII. — Florus, IV, 12. — Aurel. Vict., *de Cœsaribus*, c. I. — Pline, VII, 45. — Sénèque, *Consol. ad Polyb.*, XXXIV.

LIVIE

FEMME D'AUGUSTE, EN JUNON

STATUE EN MARBRE

PROVENANT DE LA GALERIE ALTEMPS A ROME

Hauteur : 1 m 90 c

Livie, la femme toute-puissante, qui exerçait par l'ascendant de sa beauté un si grand empire sur le maître de l'univers, s'est vue souvent transformer en déesse par la gracieuse flatterie des sculpteurs, qui lui prêtaient les attributs sacrés.

C'est ainsi que, soit sur les médailles, soit dans les monuments de la statuaire, on la trouve représentée en Piété, en Justice, en Hygie, en Cérès, en Junon, etc. Au musée du Louvre, elle figure en Cérès et en Euterpe (1).

La Livie du musée Campana porte l'habillement et les attributs de Junon reine, allusion qui flattait à la fois la femme et le mari, et peut-être plus encore ce dernier, le *Jupiter præsens* qui gouvernait le monde (2).

L'ample vêtement qui la couvre, jusques et y compris son diadème, est une des plus belles draperies qu'il y ait dans l'art. Toute la statue est d'un style très-pur et très-noble : la conservation en est parfaite. Les traits du visage, quoique idéalisés, conservent une ressemblance assez notable avec les médailles et les pierres gravées, pour que l'on puisse établir d'une manière certaine l'identité du sujet.

Cette statue a été pendant longtemps l'ornement de la galerie Altemps à Rome.

(1) *Mus. Clém.*, II, pl. 47. — *Mon. ant. du Mus.*, t. II, p. 59. — *Mus des ant*, t. I. — *Descript. du Mus. des ant.*, p. 221 et 238, t. I. — *Monumenta Mattæiana*, t. I, p. 79.

(2) VELL. PATERC., II, 75. — SUÉT., *Vie de Tibère*, III et IV. — DION., XLVIII, p. 628. — TACITE, *Ann.*, liv. V, § 1.

AUGUSTE

DEMI-FIGURE EN MARBRE

TROUVÉE A CÆRE, VILLE D'ÉTRURIE

Hauteur : 1 ^m 49 ^c

La couronne de chêne qui entoure la tête d'Auguste, dans cette demi-figure colossale, est la couronne civique, celle que l'on donnait aux grands hommes pour avoir sauvé leurs concitoyens, *ob cives servatos.*

C'est donc comme sauveur de la patrie et de l'empire romain qu'Auguste est honoré dans cette statue, dont malheureusement la partie inférieure n'a point été retrouvée. Sans doute, comme dans le Jupiter colossal du musée Campana, le bas de la figure était revêtu d'une draperie de bronze. Cette conjecture peut être admise. Elle est même d'autant plus acceptable que la statue était évidemment assise dans l'attitude et avec l'habillement réservé spécialement à l'effigie de Jupiter. Ce fut le simulacre qu'on adopta, par la suite, d'une manière presque exclusive pour représenter les héritiers de César (1).

Ce fragment est d'un très-beau style et tout à fait digne du grand siècle : la tête et le torse sont des chefs-d'œuvre de modelé. Il a été trouvé à Cære, ville de l'Étrurie, l'ancienne Agylla, dont Martial louait le bon vin, qu'il appelait adjectivement du Cérétan, *Cæretanum.*

(1) *Mus. Clém.*, t. I, pl. 2 et 3; t. II, pl. 45 et 93; t. VI, pl. 39 et 40. — *Mus. Capit.*, t. III, pl. 51 et 52. — *Mon. ant. du Mus.*, t. III, pl. 45. — *Mus. des ant.*, t. I. — *Descript du Mus. des ant.*, p. 48, 55 et 117.

CRISPUS SALLUSTIUS

BUSTE EN MARBRE

TROUVÉ A ROME AUPRÈS DE LA PORTE SALARIA

Hauteur : 58ᶜ

Les médailles si précieuses dites *Contormiati* ont été d'un très-grand secours à l'iconologie pour les portraits dont on leur doit la connaissance. On y trouve entre autres celui de Salluste (1).

C'est à l'aide de cette heureuse comparaison qu'on peut être sûr de posséder l'image fidèle du grand historien, dont l'effigie est si rare. Son authenticité se trouve, du reste, mise hors de doute par l'inscription placée sur le piédouche qui fait corps avec le buste lui-même et n'en a jamais été séparé. On y lit : C. SAL. C. — CAIVS SALLVSTIVS CRISPUS. Cette disposition, dans l'énonciation de ses noms, se retrouve dans plusieurs manuscrits de ses œuvres. Crispus, qui veut dire crépu, n'était qu'un surnom, ce que les Romains appelaient *agnomen*.

Cette tête si caractéristique est un sujet d'étude tout à fait intéressant pour un physiognomiste. L'expression, pleine de finesse, et les traits généraux de ce visage sillonné par les passions, rappellent autant l'homme que l'écrivain. Ce n'est pas seulement l'auteur de la grande Histoire qu'on a devant soi, c'est aussi le proconsul avide, le voluptueux effréné que le Sénat, à cause de sa vie immorale et déréglée, fut obligé d'éliminer de son sein.

(1) *Iconogr. rom.*, pl. 11, nᵒˢ 3 et 4.

VIRGILE

HERMÈS EN MARBRE

TROUVÉ AUX ENVIRONS DE POUZZOLES

Hauteur : 75ᶜ

Ce charmant buste de Virgile a été exécuté dans le sentiment même du poëte dont il reproduit l'image.

C'est bien, dans le chantre de la nature champêtre, cette expression douce et calme, timide et campagnarde, *rusticana,* que les biographes ont constatée en lui (1).

Dans la Vie de Virgile, attribuée à Donat, il est dit « qu'il était d'une belle stature, qu'il avait le teint brun et la figure d'un campagnard. »

Le poëte des Églogues paraît ici plus jeune que le Virgile du Capitole, et il est supérieur comme mérite à celui que nous avons vu au musée de Mantoue, à cause de sa conservation qui est entière.

(1) *Mus. Capit.,* t. II, p. 8 et 9, pl. 2. — *Museo di Mantova,* par Labus.

TIBÈRE

BUSTE

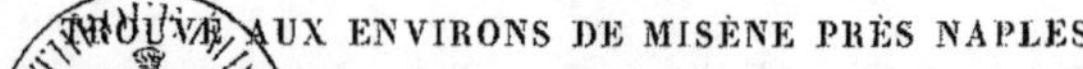

TROUVÉ AUX ENVIRONS DE MISÈNE PRÈS NAPLES

Hauteur : 75ᶜ

Ce buste offre une ressemblance parfaite avec tous les portraits du successeur d'Auguste (1). Suétone rapporte « qu'il était gros et robuste, large des épaules et de la poitrine, bien fait et bien proportionné; qu'il avait le teint blanc, les cheveux retombant sur son cou, et qu'il marchait la tête immobile et baissée, d'un air chagrin et le plus souvent en silence (2). »

Le soupçon, la tristesse qui le suit, les instincts vindicatifs et sanguinaires se sont fixés sur ce visage aux traits accentués (3). L'artiste y a fait vivre la nature : le style de l'œuvre est élevé et date de la belle époque.

Ce marbre a été trouvé, comme la statue en pied qui est au Louvre, dans les environs de Naples, non loin de cette Caprée qui fut le lieu témoin des excès de cet empereur.

(1) *Mon. gab.*, nᵒ 39. — *Mus. des ant.*, t. I et II. — *Mon. ant. du Mus.*, t. III, pl. 12, p. 20. — *Descript. du Mus. des ant.*, p. 52, 127, 134 et 236.

(2) SUÉTONE, *Vie de Tibère*, § LXVIII.

(3) TACITE, *Hist.*, IV, 57 ; *Ann.* l. III, VI, 51. — VELLEIUS PATERC., II, 75. — PLINE, XVIII, 2.

GERMANICUS

STATUE EN MARBRE

TROUVÉE A ROME SUR LE MONT AVENTIN

Hauteur : 1ᵐ 81ᶜ

La mémoire si vénérée de Germanicus lui fit élever de nombreuses statues, malgré la haine cachée et les soupçons envieux de Tibère (1).

Germanicus est représenté ici vêtu de la toge romaine et dans des proportions un peu plus grandes que nature. Les traits de son visage répondent parfaitement aux portraits que l'on voit gravés sur les médailles du règne de Caligula, et à celui qu'en traits généraux trace, d'après lui, Suétone. « Il avait, dit l'annaliste, tous les avantages du corps et de l'âme, comme personne ne les posséda jamais; une valeur et une beauté singulières ; le seul défaut qui déparât cette beauté était d'avoir les jambes un peu grêles, mais il corrigea ce défaut par l'habitude de monter à cheval après ses repas. »

Le ciseau des meilleurs artistes fut appelé à reproduire ses traits. C'est à l'un des plus grands maîtres du temps qu'on doit la belle statue du musée Campana.

(1) *Mon. Gab.*, nᵐˢ 5 et 7. — *Mus. des ant.*, t. II. — *Descript. du Mus. des ant.*, 65.

AGRIPPINE

FEMME DE GERMANICUS

BUSTE EN MARBRE

TROUVÉ A ROME AUPRÈS DU PALATIN

Hauteur : 85ᶜ

Ce marbre a transmis à la postérité l'un des portraits les plus ressemblants à la foi
et les plus imposants de la femme de Germanicus, de la petite-fille d'Auguste (1).

Il semble que l'artiste, à force d'art, ait fait passer dans les traits de ce nobl
visage l'austère fierté du caractère de cette femme supérieure qui sut, au milieu d
la corruption de son siècle, conserver l'antique sévérité de mœurs des matrone
romaines, et dont Tacite a pu dire que « remplie des préoccupations d'esprit d'u
homme, elle avait dépouillé les faiblesses des femmes, et qu'elle faisait tourner à bier
jusqu'à ses défauts, qui étaient la colère et l'emportement (2). »

En effet, « cette femme d'un grand caractère passait les troupes en revue, se
plaçait à côté des aigles, et apaisait une sédition que n'avait pu comprimer le nom de
l'empereur (3). »

Le musée du Capitole possède, comme on sait, une statue assise de cette princesse
qui est une merveille. L'iconographie a conservé plusieurs médailles et monuments (4)
sur la femme illustre de Germanicus.

---

(1) *Mus. Capit.*, t. III, p. 111.

(2) « Agrippina, virilibus curis, fœminarum vitia exuerat. » TACITE, *Ann.*, VI, xxv ; ID., *Ann.*, IV, xii,
XIV, LXIII. « Indomitum animum in bonum vertebat. » ID., *Ann.*, liv. I, xxxIII.

(3) « Nihil relictum imperatoribus, ubi fœmina ingens animi manipulos intervisat, signa adeat ;
compressam a muliere seditionem, cui nomen principis obsistere non quiverit. » TACITE, *Ann.*, liv. I,
ch. LXIX.

(4) GRUTER., *Inscr.*, p. 237, nº 4. — PATINUS, *Imper. num.*, p. 68.

DRUSUS LE JEUNE

BUSTE EN MARBRE

TROUVÉ A TUSCULUM

Hauteur : 80ᶜ

On trouve, dans les médailles frappées au temps de Tibère, l'effigie de Drusus.

C'est cette précieuse indication qui a pu établir d'une manière irréfragable dans ce buste, comme dans ceux qu'on rencontre dans les autres collections, l'identité du personnage.

La beauté de la sculpture, qui révèle un artiste contemporain, est digne du siècle auquel appartient ce travail.

ANTONIA

FEMME DE DRUSUS

BUSTE EN MARBRE

TROUVÉ A TUSCULUM

Hauteur : 64ᶜ

Les médailles d'Antonia, si connues des antiquaires, ne laissent aucun doute sur le personnage que représente ce buste.

Cet ouvrage, d'ailleurs très-rare, reproduit d'une manière fidèle les traits de cette figure impériale.

CALIGULA

BUSTE EN MARBRE

TROUVÉ A TUSCULUM

Hauteur : 67ᵉ

Le portrait de Caligula est l'un de ceux qui se retrouvent le moins fréquemment dans la série de portraits, bustes et statues du cycle impérial (1).

Le buste du musée Campana ressemble d'une manière bien caractéristique aux médailles de cet empereur, et la tête, pour sa dimension et son expression, concorde parfaitement, pour cette partie, avec le portrait général qu'en a laissé Suétone : « Il avait le teint très-pâle, les yeux et les tempes caves, le visage large et regardant de côté, le front presque dégarni de cheveux, le sommet de la tête tout à fait chauve, très-velu du reste. Son visage était naturellement horrible et repoussant, et il s'appliquait à le rendre plus effrayant encore, en s'étudiant, devant un miroir, à inspirer la terreur et l'effroi (2). »

(1) *Mus. roy.*, t. II. — *Mus. des ant.*, t. II. — *Descript. du Mus. des ant.*, 7. — *Monumenta Mattœiana*, t. I, p. 80.

(2) Suét., *Vie de Caligula*, § L.

CLAUDE

STATUE EN MARBRE

TROUVÉE A LA VILLA ADRIANA, A TIVOLI

Hauteur : 2ᵐ 32ᶜ

En voyant cette image, plus grande que nature, du trop célèbre mari de Messaline et d'Agrippine, on reconnaît aisément sa physionomie, popularisée par les médailles frappées sous son règne (1).

L'imbécile successeur de Caligula est représenté ici dans le costume militaire, *militari veste indutus :* il est couvert de la cuirasse et de la chlamyde. L'ensemble de ce vêtement, et notamment la cuirasse dans sa partie inférieure, offre des différences sensibles avec le costume militaire, tel que le donnent habituellement les monuments de ces époques. Cette circonstance, jointe à la parfaite conservation de l'œuvre et à son mérite, donne un prix particulier à ce morceau grandiose de la statuaire impériale, qui est faite tout entière d'une seule pièce de marbre, y compris la base.

Toute cette figure est d'une majesté qui appartient moins au marbre qu'à la nature; et, en effet, il faut bien convenir avec Suétone que Claude « ne manquait pas de grandeur et de dignité dans sa personne, quand il était debout, assis et surtout couché; qu'il avait, du reste, une belle figure, de beaux cheveux (2). »

La statue de Claude est un des morceaux les plus intéressants du musée Campana.

(1) *Mon. ant. du Mus.*, t. III, pl. 17. — *Mon. Gab.*, n° 5. — *Mus. roy.*, t. I. — *Mus. des ant.*, t. II. — *Descript. du Mus. des ant.*, 17, 65 et 157.

(2) SUÉT., *Vie de Claude*, § XXX.

NÉRON

TÈTE COLOSSALE EN NOIR ANTIQUE

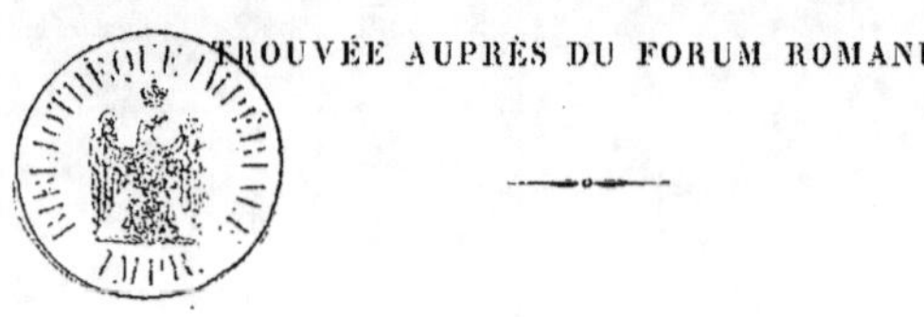

TROUVÉE AUPRÈS DU FORUM ROMANUM

Les traits si caractéristiques du successeur de Claude sont reproduits fidèlement dans ce buste colossal (1). On y voit encore les traces de la couronne rapportée qui devait être soit de bronze, soit d'une matière plus riche encore.

Ce beau morceau de sculpture ne perd rien à revêtir les dimensions colossales.

Il y a un passage de Tacite (2) où il dit que « Néron se fit élever dans le temple de Mars Vengeur, et sur la proposition du Sénat, des statues de la grandeur de celles du dieu. »

La tête colossale du musée Campana est, sans doute, une de celles qui furent exé-cutées d'après le fameux colosse de Zénodore.

(1) *Mon. Gab.*, n° 36. — *Mon. ant. du Mus.*, t. III, pl. 20 et 21. — *Mus. des ant.*, t. III, pl. 19. — *Descript. du Mus. des ant.*, p. 19, 121, 136 et 158.

(2) Tac., *Ann.*, liv. XIII, § viii.

NÉRON

BUSTE EN MARBRE

TROUVÉ DANS LES RUINES DE LA MAISON DORÉE

Hauteur : 85ᶜ

On sait que les portraits de Néron sont assez rares. Celui-ci offre une ressemblance frappante avec les médailles (1).

On peut y détailler à loisir la physionomie historique du fils d'Agrippine, étude si curieuse pour l'observateur.

Auguste n'avait jamais voulu de son vivant faire usage de la couronne radiée, ornement réservé seulement à la tête des dieux; mais Néron n'hésite point à se parer d'un tel attribut. Ici, la tête du buste était évidemment ceinte d'une couronne à rayons; car on voit encore les trous dans lesquels étaient fixés les rayons de bronze ou d'or de cette couronne.

Suétone dit de Néron « qu'il avait le visage plutôt beau qu'agréable et le cou épais (2). »

Visconti cite les bustes du Vatican et du Capitole parmi ceux qui ressemblent le plus. Les historiens nous ont laissé tous les documents qui peuvent servir à connaître et à juger Néron (3). Sa tête est l'une de celles qui ont été l'objet d'une étude particulière, soit de la part des artistes, soit de la part des physiognomonistes.

Ce beau buste de marbre est d'une très-belle conservation.

---

(1) *Mon. Gab.*, nº 36. — *Mon. ant. du Mus.*, t. III, pl. 20 et 21. — *Mus. des ant.*, t. II. — *Descript. du Mus. des ant.*, p. 16, 121, 136 et 158.

(2) SUÉTONE, *Vie de Néron*, § LI.

(3) PLUTARQUE, *In Ant.*, p. 955. — TACITE, *Ann.* XII, XXV. — PLINE, XXII, 22. — DION, LXIII, p. 727.

SÉNÈQUE

STATUE EN MARBRE

TROUVÉE A TUSCULUM

Hauteur : 1 m 91 c

Le précepteur de Néron eut une si grande part au gouvernement, pendant les premiè-res années du règne de son disciple, qu'on s'empressait de reproduire son image. C'est ce qui explique que les bustes de Sénèque, dont les ouvrages étaient d'ailleurs un objet d'admiration, se trouvent assez fréquemment dans les musées (1); mais on n'avait point encore rencontré sa statue en pied.

Le Sénèque du musée Campana est donc un morceau rare et par cela même d'un très-grand prix.

J'ai consacré, ailleurs, à l'intéressante physionomie de Sénèque un examen tout particulier.

(1) *Bronzi d'Ercolano*, t. I, pl. 35 et 36. — *Mus. Clém.*, pl. 27, p. 21. — *Mus. Capit.*, t. I, pl. 20.

GALBA

BUSTE EN MARBRE

TROUVÉ A NAPLES

Hauteur : 76ᶜ

Ce buste est d'un caractère très-remarquable. Toute la figure est conçue dans un aspect de vérité sénile, rendue avec une exactitude et une dignité frappantes.

On y reconnaît, au premier coup d'œil, le profil sévère des médailles et des monuments du temps (1).

Suétone dit de Galba « qu'il avait la tête chauve par devant, les yeux bleus, le nez aquilin (2). »

Galba n'a régné que sept mois. Sa mort donna lieu à un soulèvement, pendant lequel ses images furent détruites : c'est ce qui explique la rareté des bustes de cet empereur.

(1) *Descript. du Mus. des ant.*, nº 214.
(2) Suét., ch. xxi.

OTHON

BUSTE EN MARBRE

TROUVÉ A TUSCULUM

Hauteur : 68ᵘ

Les effigies d'Othon sont aussi rares que celles de Galba, son prédécesseur, et peut-être plus encore. La durée si courte de son règne et sa fin si prompte n'ont pas laissé le temps à la statuaire d'en exécuter des bustes. Suétone lui-même ne nous a transmis d'Othon qu'un portrait incomplet : il dit seulement de son visage « qu'il se le frottait tous les jours avec du pain détrempé, afin de n'avoir pas de barbe, et qu'il portait sur sa tête, à cause de la rareté de ses cheveux, une perruque frisée et arrangée avec tant d'art que personne ne s'en apercevait (1). » Cette perruque, appelée *galericulus,* se trouve dans la statue de cet empereur qui est au Louvre (2).

Aussi, à peine si les plus riches collections possèdent des bustes d'Othon.

Celui-ci, conforme aux médailles de ce règne, qui ne sont jamais d'un grand module, est un travail digne des plus beaux temps de l'art romain, et, ce qui en rehausse le mérite, il est d'une conservation miraculeuse.

(1) Suét., ch. xii. — Tacite, *Ann.,* XIII, 12.
(2) *Descript. du Mus. des ant.,* nᵒ 330.

VITELLIUS

STATUE EN MARBRE

TROUVÉE A OSTIE

Hauteur : 1 ^m 40^c

Les portraits de Vitellius furent détruits après sa mort.

On rencontre rarement des bustes, et plus rarement encore des statues de cet empereur.

Le Vitellius du musée Campana est en pied, un peu moins grand que nature. Les lignes bien connues du visage, l'enflure du cou et tous les autres traits qui le distinguent, se retrouvent ici comme dans les médailles de son temps et dans les effigies (1) peu nombreuses qui nous sont restées de lui.

La physionomie du rival d'Othon est l'une des plus caractérisées que l'histoire ait décrites. Il était, dit Suétone, « d'une énorme corpulence, avait le visage rouge et bourgeonné par l'abus du vin, le ventre obèse, etc. (2). »

Morelli cite un seul buste de Vitellius (3), qui aurait servi longtemps aux études du Tintoret; il ne dit pas que ce buste fût antique. Visconti ne reconnaissait aucune statue ou aucun buste existant de son temps comme étant une représentation authentique de Vitellius.

La découverte à Ostie de la statue de la collection Campana est donc une véritable bonne fortune pour les antiquaires.

---

(1) *Mon. ant du Mus.*, t. III, pl. 25. — *Mus. des ant.*, t. II.

(2) SUÉTONE, *Vie de Vitellius*, § XVII.

(3) MORELLI, *Notizie d'opere*, etc.

VESPASIEN

STATUE EN MARBRE

TROUVÉE AUPRÈS DE POMPÉI

Hauteur : 1ᵐ 98ᶜ

Vespasien est ici dans l'attitude d'un orateur : il semble adresser un discours au Sénat, dans quelque circonstance solennelle, peut-être à son retour de la Judée ou des Gaules.

Le père de Titus avait dit, au moment de sa mort : « Il faut qu'un empereur meure debout (1). » Aussi l'artiste l'a-t-il représenté en pied, parlant et vêtu de la toge. Si l'on s'en rapporte à Suétone, il avait « la stature carrée, les membres ramassés et vigoureux, la figure comme celle d'un homme qui fait un effort (2). »

Cette belle statue, qui est une véritable rareté parmi les monuments antiques (3), est d'un aspect plein de dignité : le travail de l'ajustement est traité avec un soin particulier.

---

(1) « Oportet imperatorem stantem mori. » (SUÉTONE, *Vie de Vespasien,* § XXIV.)

(2) « Statura fuit quadrata, compactis firmisque membris, vultus veluti nitentis. » (ID. *ibid.,* § XX.)

(3) *Mon. ant. du Mus* , t. III, pl. 14. — *Descript. du Mus. des ant.,* p. 14.

VESPASIEN

TÊTE EN MARBRE DE PROPORTION COLOSSALE

TROUVÉE A ROME AUPRÈS DE SAINT-JEAN-DE-LATRAN

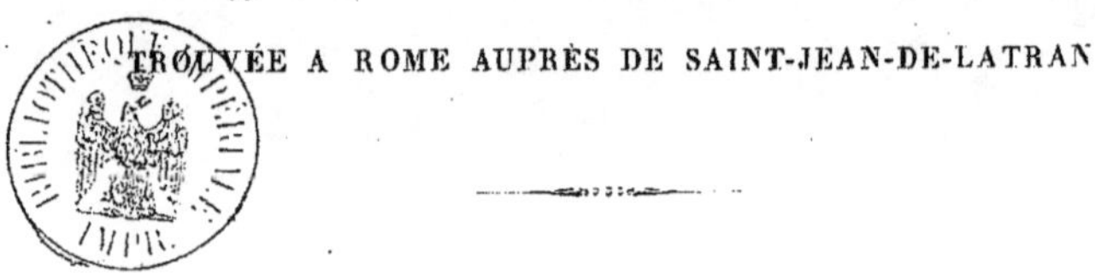

Il n'y a aucun doute sur l'authenticité de cette tête, dont la ressemblance avec les médailles et les monuments du temps de Vespasien est parfaite (1).

Le premier des Flaviens est aussi vivant dans ce marbre que dans sa statue en pied; cette tête, comme art, appartient à l'époque contemporaine qui brillait encore dans l'histoire de la statuaire romaine.

(1) *Ut suprà : Mon. ant. du Mus:*, t. III, pl. 14. — *Descript. du Mus. des ant.*, p. 14.

DOMITILLA

MÈRE DE DOMITIEN

TÊTE COLOSSALE

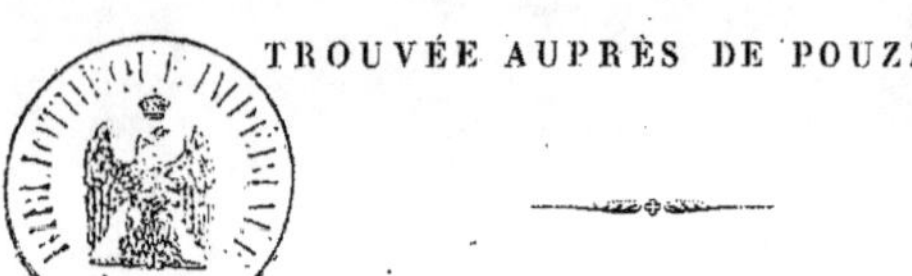

TROUVÉE AUPRÈS DE POUZZOLES

Il n'existe pas d'autre portrait connu, hormis celui-ci, de la première princesse de la maison des Flaviens.

Les médailles seules en ont conservé les traits, et il faut ajouter qu'elles sont extrêmement rares.

Le style de ce buste, qui indique un travail contemporain, ajoute à son importance iconologique. Il a été trouvé auprès de celui de Domitien, dans les environs de Pouzzoles. La mère et le fils ont des traits d'une analogie manifeste. Le marbre, le style, la dimension, tout concourt à faire ressortir ce rapprochement, dans ces deux morceaux, sortis sans doute de la même main.

DOMITIEN

DEMI-FIGURE EN MARBRE

TROUVÉE AUX ENVIRONS DE NAPLES

Hauteur : 1^m 55^c

Le type si connu de Domitien, avec son caractère de bestialité, apparaît ici tout entier dans ce magnifique fragment (1). On y retrouve le *calvitio deformis* de Suétone et le *calvus Nero* de Juvénal.

Quoique la partie inférieure manque, il est évident, pour un observateur attentif, que cette figure devait être debout. « Domitien était d'une haute taille : il avait le visage modeste, le teint coloré, les yeux grands ; il était beau et bien fait de sa personne. Il devint difforme par sa calvitie, son obésité et la maigreur de ses jambes (2). »

Les statues de Domitien, comme celles de Galba, d'Othon, de Vitellius, de Caligula, sont rares, parce que le peuple et même le Sénat détruisirent, après leur mort, les effigies de ces empereurs.

Ce fragment est d'un style à la fois grandiose et élégant, qui en fait un véritable morceau d'académie.

---

(1) *Descript. du Mus. des ant.*, p. 4. — *Mon. ant. du Mus.*, t. III, pl. 28.
(2) Suétone, *Vie de Domitien*, § xviii.

TITUS

STATUE EN MARBRE

TROUVÉE AUPRÈS DE SAINT-JEAN DE LATRAN

Hauteur : 2ᵐ 2ᶜ

L'empereur Titus, que les Romains surnommèrent *l'amour et les délices du genre humain*, est représenté ici vêtu de la toge, dans le costume d'un simple citoyen.

L'attitude de sa personne et l'expression de son visage respirent la noblesse. « Il avait, dit Suétone (1), un extérieur distingué, où brillait autant de dignité que de grâce, quoiqu'il ne fût pas d'une grande stature. »

Il est à remarquer que cette statue de Titus et celle de sa fille Julie ont été découvertes, de même que celles du Vatican, auprès de Saint-Jean de Latran ; il est à remarquer aussi qu'en général les images du père et de la fille se retrouvent ensemble (2). Dans le trône qui est aux pieds de Titus, on distingue, comme du reste dans la statue du Vatican, les traces d'une ruche d'abeilles, pour indiquer la douceur de son caractère.

(1) Suétone, *Vie de Titus*, § 11.

(2) *Descript. du Mus. des ant.*, p. 14 et 20. — *Mon. ant. du Mus.*, t. III, p. 27. — *Mus. des ant.*, p. 1. — *Mus. Clém.*, t. VI, p. 59. — *Mus. Capit.*, t. II, p. 22.

JULIE

FILLE DE TITUS

STATUE EN MARBRE

TROUVÉE AUPRÈS DE SAINT-JEAN DE LATRAN

Hauteur : 1 m 97 c

La statue de la fille est aussi remarquable que la statue du père.

La coiffure toute spéciale de Julie et les traits de son visage, si semblables aux mé-dailles qui furent frappées en son honneur pendant le règne de Titus, la font reconnaître dans ce marbre remarquable (1).

La jeune princesse, aux formes un peu masculines, est représentée avec les attributs de la Fortune et de l'Abondance. La draperie est des plus savantes et toute la statue est aussi belle que rare. Serait-ce à celle-là que s'adressaient ces vers si élogieux de Martial, le poëte, ami et courtisan de Titus, sur une statue de Julie?

> Quis te Phidiaco formatam, Julia, cælo,
> Vel quis Palladiæ non putet artis opus?

(1) *Mus. Capit.*, t. II, p. 23; t. III, p. 113.

NERVA

BUSTE EN MARBRE

Hauteur : 70ᶜ

Le successeur de Domitien est reconnaissable dans ce buste, exécuté probablement au temps de Trajan, qui régna après lui (1).

On semble lire dans ce visage la simplicité, la modération et l'esprit de justice qui recommandent cet empereur à la postérité.

(1) *Descript. du Mus. des ant.*, p. 126. — *Mus. des ant.*, t. II. — *Mus. Clém.*, *Bustes*, t. VI, p. 59, pl. 43. — *Mus. Capit.*, t. II, p. 25.

TRAJAN

BUSTE EN MARBRE

TROUVÉ DANS LA SABINE

Hauteur : 85ᶜ

L'empereur qui mérita d'être appelé *le meilleur des princes* est représenté, dans ce buste, revêtu du costume militaire. Sa cuirasse est ornée d'écailles, comme celle de Minerve ; elle a de même, vers le milieu, une tête de Méduse.

Le *paludamentum,* qui le revêt en partie, est un ajustement heureux qu'on retrouve, du reste, dans le Trajan en pied qui est au musée du Louvre.

Le portrait de Trajan, si connu par les médailles et les monuments antiques (1), est ici d'une vérité extrême.

(1) *Descript. du Mus. des ant.*, nᵒˢ 14, 33, 42, 95, 304. — *Mus. des ant.*, t. III, pl. 6 et 19. — *Mus. Clém.,* t. VI, p. 7. — *Mus. Capit.*, t. II, p. 26. — *Mon. Gab.*, nᵒ 3. — *Descript. of the British Museum,* t. III, pl. 1.

ROIS DACES

TÊTES COLOSSALES EN MARBRE

Les Romains élevèrent de nombreux monuments, dans les différentes parties de la Ville Éternelle, pour perpétuer le souvenir de leurs triomphes sur les Rois barbares.

C'est à quelque monument de ce genre qu'appartiennent les deux têtes colossales du musée Campana. Le style en est large et l'expression remarquable. La sculpture entière est d'une parfaite conservation.

Ce qui donne de la valeur aux conjectures qu'on vient d'émettre, c'est que ces têtes ont été trouvées tout récemment dans des fondations qui touchent au Forum de Trajan. Or, on sait, tant par l'histoire que par les restes de statues enfouies dans le milieu de ce forum, aujourd'hui en partie dégagé, qu'il était décoré particulièrement des monuments qui rappelaient les succès de Trajan dans la Dacie.

Selon toute probabilité, la plus belle et la plus noble de ces têtes est le portrait de ce roi Décébalus dont le conquérant de la *Dacie Trajane* célébra à Rome la défaite avec tant de pompe. Le Musée de Londres (1) possède une tête antique de ce Décébalus.

(1) *Descript. of the British Museum,* t. III, pl. 6.

PLOTINE

FEMME DE TRAJAN

STATUE EN MARBRE

TROUVÉE A CUMA

Hauteur : 1ᵐ 80ᶜ

La femme de Trajan est représentée ici avec le vêtement qu'on donnait aux statues de la Pudicité. C'est, en général, le costume que le statuaire choisissait, quand il voulait idéaliser, ou, mieux encore, diviniser le portrait d'une dame romaine.

Rien n'est moins commun, même dans la numismatique, que les portraits de Plotine. La sculpture n'en offre aussi que des exemplaires très-peu nombreux (1).

Cette belle statue est aussi remarquable par le charme de ses contours que par le style élégant de la draperie.

(1) *Mus. Clém., Bustes*, t. VI, p. 60, pl. 44. — *Mus. des ant.*, t. I. — *Monumenta Matteiana*, t. II, pl. 15. — *Mus. Capit.*, t. II, p. 27. — *Mon. Gab.*, n° 15.

ADRIEN

DEMI-FIGURE EN MARBRE

TROUVÉE A LA VILLA ADRIANA

Hauteur : 1 m 29 c

L'art romain, si brillant au siècle d'Auguste, retrouva à l'époque d'Adrien des inspirations nouvelles, qui lui ont permis de conserver un rang distingué dans l'histoire.

Adrien, artiste passionné lui-même, donna une grande impulsion aux beaux-arts, et surtout à la sculpture polychrome, qui avait été pratiquée si fréquemment dans les siècles florissants de la Grèce.

C'est à une de ces statues polychromes qu'appartenait évidemment le magnifique fragment que possède le musée Campana (1).

Le torse seul est parvenu jusqu'à nous : la partie supérieure du corps, qui est nue, était sans doute enveloppée d'une robe en bronze doré ou en une matière plus riche encore ; on a cru devoir, pour l'effet, la restituer en plâtre. Si l'on consulte les traditions de l'art polychrome, on est amené à penser que la tête d'Adrien était ceinte d'une couronne rapportée qui, de même que le vêtement, n'a pas été conservée : on en retrouve la trace dans les points destinés à la soutenir et qui s'y voient encore. Les yeux devaient être en émail ou enchâssés d'onyx, de chalcédoine ou de quelque autre pierre précieuse.

A considérer attentivement ce fragment intéressant, on ne peut s'empêcher de constater un rapport tout particulier qui le rattache à la célèbre statue d'Antinoüs qui était autrefois au musée Braschi, et qui se voit maintenant au musée du Latran à Rome. Cet Antinoüs avait aussi une draperie en bronze doré ou en une autre matière.

Tous ces indices autorisent à avancer, d'une manière à peu près certaine, que l'image du favori d'Adrien et celle d'Adrien lui-même sont sorties de l'atelier et de la main du même maître.

(1) *Descript. du Mus. des ant.*, 117 et 130. — *Mus Clém.*, t. II, p. 96 ; t. VI, p. 60. — *Mus. Capit.*, t. II, p. 29 ; t. III, p. 114.

ADRIEN

BUSTE COLOSSAL EN MARBRE

TROUVÉ SUR LE MONT ESQUILIN

Hauteur : 1^m

Ce buste colossal d'Adrien peut être mis au nombre des plus beaux portraits historiques qu'il y ait de ce prince (1).

Le successeur de Trajan est sculpté ici dans toute la mâle beauté de son visage : il semble que le ciseau de l'artiste ait reçu de l'étude d'un tel modèle une impulsion supérieure. Spartien dit d'Adrien « qu'il était de grande taille, bien fait, qu'il avait des cheveux qui se prêtaient aux caprices du peigne, et qu'il portait une barbe longue, pour cacher quelques cicatrices naturelles qu'il avait au visage (2). »

On retrouve bien dans cette physionomie intelligente, qui a de vagues analogies avec le roi François Ier, le caractère de grandeur et de distinction particulier à l'empereur-poëte, dont le goût, comme on sait, égalait la magnificence.

(1) *Mus. Clém.*, t. V, p. 50, pl. 26. — *Collection of the British Museum*, t. III, pl. 15.
(2) Spartien, *Hist. Aug., Vie d'Adrien*, ch. XXIV.

JULIE SABINE

FEMME D'ADRIEN

BUSTE EN MARBRE

TROUVÉ A LA VILLA ADRIANA

Hauteur : 78ᶜ

On retrouve dans ce buste les traits si connus de la femme d'Adrien (1).

Sabine, petite-nièce de Trajan, fut donnée à Adrien, par Plotine, femme de Trajan, et malgré celui-ci. On sait qu'Adrien la traita avec rigueur : néanmoins, après sa mort, il lui fit rendre les honneurs divins.

Le musée Clémentin possède une statue de Sabine en Vénus génitrix.

Ce buste est l'un des plus beaux qui soient parvenus jusqu'à nous de cette princesse malheureuse.

(1) *Mus. Clém.*, *Bustes*, t. **VI**, p. **61**, pl. **46**. — *Mus. des ant.*, t. **I**. — *Mus. Capit.*, t. **II**, p. **30**. — *Descript. de la Collection de M. Choiseul-Gouffier*, par MM. Hase et Dubois, p. **18**. — *Mon. Gab.*, **34**. — *Monumenta Matteiana*, t. **I**, pl. **87**.

ANTINOÜS

BUSTE EN MARBRE

TROUVÉ A LA VILLA ADRIANA

Hauteur : 95ᶜ

Ce buste magnifique d'Antinoüs est l'un des plus beaux morceaux du musée Campana : il est difficile de voir un antique d'un style plus pur.

Dans l'origine, une couronne de lierre en bronze, et peut-être en une matière plus précieuse, ceignait le front du favori d'Adrien, en lui donnant le caractère de Bacchus et d'Osiris (1). Quand on a découvert ce buste, on y voyait encore les traces des points qui avaient servi à fixer cette couronne dans le marbre. Pour lui rendre aussi exactement que possible sa physionomie première, on a restitué avec soin la couronne de lierre, en la reproduisant en bronze.

Le type traditionnel de la beauté juvénile a été reproduit dans ce buste, avec une rare supériorité de ciseau, par quelque grand artiste, ami d'Adrien, qui, pour plaire au maître, aura essayé de rendre, dans le buste de l'esclave, tous les traits de la grâce masculine avec toutes les ressources d'un admirable talent.

(1) *Mus. Clém., Bustes*, t. VI, p. 62, pl. 47. — *Mus. Capit.*, t. II, p. 35 ; t. III, p. 115. — *Mon. inéd. de Winckelmann*, 179. — *Mon. ant. du Mus.*, t. III, pl. 40.

ÆLIUS CÉSAR

STATUE EN MARBRE

TROUVÉE A CUMA

Hauteur : 2ᵐ

Le fils adoptif d'Adrien est représenté ici dans l'attitude et avec le costume par les-quels l'iconologie païenne désignait l'heureux événement, le *Bonus Eventus*, comme on l'a déjà fait remarquer pour la statue de *Marcus Brutus*. Cette attitude et ce costume servirent, par la suite, à figurer le génie du peuple romain.

Ces deux désignations conviennent également, soit qu'on adopte l'une ou l'autre, au personnage qui venait d'être désigné comme successeur à l'empire.

Ce morceau remarquable est digne de la belle époque à laquelle il appartient. La tête est pensive et noble. C'est d'ailleurs une très-bonne manière de draper une statue d'homme que celle-ci, qui consiste à montrer le haut du torse et les jambes, c'est-à-dire ce qui peut offrir une étude d'anatomie, en ne dérobant à la vue que ce qui doit être caché.

Les portraits d'Ælius César (1), souche de la maison des Antonins, et qu'une mort rapide vint enlever à de hautes destinées (2), sont très-rares, et ses statues sont plus rares encore.

(1) *Mus. Capit.*, t. II, p. 31. — *Mon. Gab.*, 40. — *Descript. du Mus. des ant.*, p. 115 et 136.
(2) Ælius Spartianus, *Hist. Aug.*, § IV.

ANTONIN LE PIEUX

DEMI-FIGURE EN MARBRE

TROUVÉE AUPRÈS D'ALBANO

Hauteur : 1 ^m 35^c

Cette demi-figure reproduit à merveille les traits bienveillants (1) de cet empereur, qui se distingua par tant de vertus sur le trône impérial.

L'artiste a su rendre toute la noblesse de ce visage que la nature s'était plu à parer de ses dons. Julius Capitolinus rapporte qu'Antonin le Pieux « était grand et bien fait (2). »

L'empereur est représenté dans le vêtement militaire des Romains, costume si favorable à la fantaisie du ciseau. La cuirasse est d'une exécution très-remarquable. Cette demi-figure est un des plus riches morceaux du musée Campana. La tête est d'un beau caractère. Le marbre, dont le travail est supérieur, a des finesses d'agate qui en rehaussent singulièrement l'éclat et en font une œuvre à part, comme on en rencontre fort peu.

(1) *Mon. ant. du Mus.*, t. III, pl. 50. — *Descript. du Mus. des ant.*, p. 6. — *Mus. Clém.*, *Bustes,* t. VI, p. 63, pl. 48. — *Mus. Capit.*, II, p. 31. — *Monumenta Matteiana*, t. I, p. 89.

(2) Julius Capitolinus, *Hist. Aug.*, *Vie d'Antonin le Pieux,* § XIII.

MARC AURÈLE JEUNE

STATUE EN MARBRE

TROUVÉE A LANUVIUM (CIVITA LAVINIA)

Hauteur : 60ᶜ

Le fils adoptif d'Antonin le Pieux est représenté ici en César.

L'expression, pleine de bonté et de grâce juvénile, empreinte sur son visage donne un grand charme à ce buste.

C'est un des portraits les plus curieux du philosophe couronné (1), en ce qu'il montre déjà sur ses traits, comme à l'aurore d'une belle âme, les premières traces de ces douces vertus qu'il fit briller plus tard sur le trône.

(1) *Mus. Clém* , t. VI, p. 180, pl. 39. — *Mon. Gab.* 17. — *Descript. du Mus. des ant.*, p. 240.

MARC AURÈLE

EMPEREUR

BUSTE EN MARBRE

TROUVÉ AUPRÈS DE LA PORTE CAPÈNE A ROME

Hauteur : 75ᶜ

L'empereur Marc Aurèle est représenté ici dans toute la force de l'âge (1).

Ce beau buste se recommande à plus d'un titre, autant par la vérité du type que par l'exécution admirable de la barbe et de la chevelure, sculptées avec un goût particulier.

---

(1) *Mus. Clém., Bustes,* t. VI, p. 64, pl. 59. — *Mus. Capit.,* t. II, p. 33. — *Description of the British Museum,* t. III, pl. 9. — *Descript. de la Collection de M. de Choiseul-Gouffier,* par MM. Hase et Dubois, p. 29. — *Mus. des ant.,* t. I. — *Mon. Gab.,* 19. — *Descript. du Mus. des ant.,* p. 12, 64, 67, 115 et 239.

FAUSTINE LA JEUNE

FEMME DE MARC AURÈLE

BUSTE EN MARBRE

TROUVÉ A OSTIE

Hauteur : 75^c

Ce buste ravissant est l'une des plus jolies choses qui se puissent voir. Les traits de l'impératrice, femme de Marc Aurèle, y sont reproduits avec une grâce incomparable et tels que les donne la numismatique (1).

La touche de l'artiste s'y est montrée, d'ailleurs, d'une rare habileté; le marbre lui-même, d'un blanc laiteux, joue à merveille la chair transparente et vivante. Regardé de profil, ce visage est exquis. En un mot, il est difficile de voir quelque chose de plus séduisant, comme portrait, que cette Faustine, dont l'histoire a flétri les désordres, en la faisant descendre plus bas encore que Messaline. Qui le dirait pourtant? on a trouvé des statues de Faustine la Jeune représentée la tête recouverte de la *palla,* avec le costume et les attributs de la Pudeur, *Pudicitia.*

---

(1) *Descript. du Mus. des ant.,* p. 56. — *Mus. Clém.,* t. VI, p. 64. — *Mus. Capit ,* t. II, p. 32. — *Monumenta Mattéiana,* t. I, p. 91.

ANNIUS VERUS

STATUE EN MARBRE

TROUVÉE DANS LES ENVIRONS DE LANUVIUM (CIVITA LAVINIA)

Hauteur : 1^m 75^c

Le fils de Marc-Aurèle et de Faustine est représenté ici dans son jeune âge. Ses traits, tout en rappelant ceux de son père, sont empreints de la grâce propre à l'enfance.

On sait combien sont rares les médailles qui lui appartiennent, par suite de sa fin prématurée (1). Annius Verus mourut à cinq ans.

C'est en comparant à ce beau marbre les médailles du temps, sur lesquelles on voit son effigie au revers de celle de son frère Commode, qu'on a pu établir d'une manière certaine l'authenticité du portrait. L'exécution en est très-belle : la tête est un chef-d'œuvre.

Il ne faut pas oublier de faire remarquer la bulle d'or qu'Annius Verus porte sur la poitrine : cette bulle était dévolue aux enfants romains appartenant aux familles patriciennes ; elle servait à indiquer l'âge pendant lequel il n'était pas encore permis à ces enfants d'embrasser la carrière qui leur était destinée (2).

C'est ce qui fit dire à Properce au sujet de cette coutume :

> Mox ubi bulla rudi dimissa est aurea collo,
> Matris et ante Deos liberata sumpta toga.

(1) *Descript. du Mus. des ant.*, 240. — *Mus. Florent., Statues,* pl. 91 (*Puer nobilis cum bullâ*).
(2) Pline, liv. XXXIII, ch. I. — Macrobe, *Saturn.*, liv. I, ch. VI.

LUCIUS VERUS JEUNE

BUSTE EN MARBRE

TROUVÉ AUX ENVIRONS DE LANUVIUM (CIVITA LAVINIA)

Hauteur : 60ᶜ

Le frère adoptif de Marc-Aurèle, qui fut destiné comme lui à l'empire, reçut, comme on sait, les mêmes honneurs. Il est représenté ici dans sa jeunesse.

Le caractère de noblesse de la tête est bien celui qu'indiquent les médailles de son temps. Les portraits de Lucius Verus à cet âge sont naturellement plus rares que ceux qui furent faits, lorsqu'il monta sur le trône (1).

Julius Capitolinus dit de lui « *qu'il aima la chasse, la lutte et tous les exercices de la jeunesse* (2). »

Ce buste de Lucius Verus a été trouvé, en même temps que celui de Marc-Aurèle, aux environs de Civita-Lavinia, l'ancien *Lanuvium*. On sait que l'empereur Antonin y possédait une villa où il se plaisait beaucoup, et il est naturel de penser que le pieux empereur dut y réunir les portraits de son fils et de celui qu'il adopta en l'associant à l'empire.

(1) *Collection of the British Museum*, t. III, pl. 10. — *Lettres du Père Paciaudi au Comte de Caylus*, p. 3. — *Mon. ant du Mus.*, t. III, pl. 55.
(2) Julius Capitolinus, *Vie de Verus*, § ii.

LUCIUS VERUS

EMPEREUR

BUSTE EN MARBRE

TROUVÉ A TIVOLI

Hauteur : 75ᶜ

On voit revivre dans ce beau portrait, mais plus accentués que dans le précédent, les traits si divers qui indiquent le caractère mêlé de bien et de mal du fils adoptif d'Antonin (1).

L'histoire nous apprend que ce prince tirait vanité de la noblesse de sa figure. L'habileté du statuaire a su rendre la nature avec une fidélité telle, qu'on la lit comme dans un miroir jusque dans les yeux immobiles de ce marbre.

(1) *Descript. de la Collection de M. de Choiseul-Gouffier,* par MM. Hase et Dubois, p. 20. — *Lettres du Père Paciaudi au Comte de Caylus,* p. 3. — *Descript. du Mus. des ant.,* 6, 64, 66. — *Mus. Clém.,* t. II, p. 97; t. III, p. 10, et t. VI, p. 65.

LUCILLE

FEMME DE LUCIUS VERUS

BUSTE EN MARBRE

 TROUVÉ AUX ENVIRONS DE TIVOLI

Hauteur : 74ᶜ

Voici le portrait de Lucille, femme de Lucius Verus.

Ce joli marbre, d'une conservation surprenante, se rapporte parfaitement aux médailles de cette impératrice (1).

On sait que l'époque de Marc-Aurèle, à laquelle ce morceau appartient, est peut-être la période pendant laquelle les portraits en buste ont été exécutés avec le plus de perfection : celui de la femme de Lucius Verus est l'un des meilleurs.

(1) *Mus. Capit.*, t. III, pl. 38. *Sub figurâ Musæ*. — *Mus. Clem.*, t. III, p. 11, pl. 3. — *Mon. Gab.*, 26.

COMMODE JEUNE

BUSTE EN MARBRE

TROUVÉ A OTRICOLI

Hauteur : 64°

Commode est ici représenté dans sa jeunesse. Il semble que l'intérêt qui l'entourait du vivant de Marc-Aurèle, son père, le protége encore; cependant on reconnaît déjà dans ce fils, indigne d'un père aussi noblement illustre, les traits bien connus de bestialité qui l'ont rendu célèbre dans la postérité (1).

Plus tard, en effet, et avec les années, cette tête s'évasera par en bas; le crâne prendra cette forme particulière qui va se rétrécissant; les maxillaires s'élargiront, et l'ensemble de cette physionomie hébétée se développera tel que les sculpteurs le traduiront, par la suite, dans un marbre implacable.

Lampride rapporte que Commode « avait cet air effaré propre aux ivrognes (2). »

Ce buste, qui est très-rare, est par cela même précieux à plus d'un titre.

(1) *Descript. du Mus. des ant.*, p. 75 et 168. — *Mus. des ant.*, t. III, pl. 7 et 20. — *Mon ant. du Mus.*, t. III, p. 134. — *Mon Gab.*, 18.

(2) *Hist. Aug., Vie de Commode Antonin*, § XVIII.

SEXTUS QUINTILIUS MAXIMUS

BUSTE EN MARBRE

TROUVÉ SUR LES BORDS DE LA VOIE APPIENNE

Hauteur : 75^c

Ce buste est celui d'un personnage fort célèbre à Rome sous Commode, Sextus Quintilius Maximus, lequel avait acquis une grande réputation par sa science politique, son savoir dans l'art militaire et ses immenses richesses, qu'il employait noblement en encourageant les arts. Il avait un frère qui partageait ses talents et ses goûts et qui vécut auprès de lui, sans jamais s'en séparer, pendant une longue carrière de dignités et d'honneurs.

C'est à Sextus Quintilius Maximus qu'appartenait la villa située sur la voie Appienne et que l'on nomme aujourd'hui Rome vieille (*Roma vecchia*). Le buste si précieux du musée Campana a été trouvé dans les fouilles faites en cet endroit. C'est le seul qu'on connaisse jusqu'ici.

Après l'inique exécution de Quintilius et de son frère, ordonnée par Commode, leurs biens furent confisqués et passèrent dans le domaine. Il est à présumer que quelque serviteur fidèle parvint à y enfouir l'image de son ancien maître, qu'on a pu ainsi exhumer après tant de siècles.

En dehors de l'intérêt iconographique, ce marbre a un véritable mérite d'exécution.

PERTINAX

BUSTE COLOSSAL EN MARBRE

TROUVÉ AUPRÈS DE POUZZOLES

Hauteur : 89ᵉ

Pertinax est l'un de ces empereurs dont les portraits sont rares.

Son pouvoir ayant été de peu de durée, ses effigies n'eurent pas le temps de se multiplier (1).

C'est à ses médailles, qui ne sont pas communes non plus, que nous devons de pouvoir constater l'authenticité de ce buste. « Il avait, dit Julius Capitolinus, un air vénérable, la barbe longue, les cheveux frisés, beaucoup d'embonpoint, et la taille tout à fait impériale (2). »

Le marbre de ce buste colossal est travaillé avec franchise et l'ensemble en est remarquable.

(1) *Mus. Clém., Bustes*, t. **VI**, p. 69, pl. 52. — *Descript. du Mus. des ant.*, p. 174.
(2) Julius Capitolinus, *Hist. Aug.*, XII.

CLODIUS ALBINUS

BUSTE EN MARBRE

Hauteur : 78ᶜ

Albinus, général des armées romaines sous Marc-Aurèle et Commode, se fit proclamer empereur en même temps que Septime Sévère.

Les deux rivaux se partagèrent d'abord l'empire; mais Albinus, après quelques avantages, fut complétement défait auprès de Lyon, l'an 197, et eut la tête tranchée.

Les images de ce prince malheureux ayant été détruites après sa mort, ses bustes ou ses statues sont extrêmement rares (1). Julius Capitolinus rapporte, entre autres détails, que « *la grande blancheur de son teint lui avait valu le surnom d'Albinus.* » Il ajoute « qu'il était beau de taille, que ses cheveux étaient bouclés et crépus, son front large et son teint d'une blancheur surprenante (2). »

Le buste du musée Campana porte bien le caractère de hardiesse et de bravoure personnelle que l'histoire donne au rival infortuné de Septime Sévère.

---

(1) *Mus. des ant.*, t. II. — *Mon. ant. du Mus.*, t. III, p. 66. — *Mus. Clém.*, t. III, p. 11. — *Mus Capit.*, t. II, p. 40.

(2) JULIUS CAPITOLINUS, *Hist. Aug.*, § XIII.

SEPTIME SÉVÈRE

BUSTE COLOSSAL EN MARBRE

TROUVÉ DANS LES ENVIRONS D'HERCULANUM

Hauteur : 87ᶜ

Quoique l'art penchât vers la décadence à l'époque de Septime Sévère, ainsi que le démontrent les sculptures de l'arc de triomphe qui porte son nom, à Rome, on rencontre encore de son temps des œuvres ayant un grand mérite d'exécution et dont l'expression est d'une finesse remarquable.

Les bustes de Septime Sévère, en général, et ceux des autres princes de sa famille, en donnent des preuves irrécusables (1).

« Septime Sévère était beau, au dire de Spartien ; il était très-grand, avait une longue barbe, la tête blanche et crépue, le visage imposant (2). »

Tel est le superbe buste du musée Campana, qui se recommande autant par son exécution que par cet aspect grandiose propre au genre colossal.

---

(1) *Mus. Clém., Bustes,* t. VI, p. 67, pl. 53. — *Descript. du Mus. des ant.,* p. 48, 51, 65, 152. — *Mus. des ant.,* t. II. — *Mon. ant. du Mus.,* t. III, pl. 64. — *Mus. Capit.,* t. II, p. 41. — *Mon Gab.,* 37.

(2) *Hist. Aug.,* XIX.

CARACALLA CÉSAR

BUSTE AVEC CUIRASSE

TROUVÉ AUPRÈS DES RUINES DU CIRCUS MAXIMUS

Hauteur : 57ᶜ

Quel observateur, même superficiel, ne serait frappé de l'expression de ce visage, tel que Caracalla, à l'exemple de Caligula, se plaisait du reste lui-même à l'exagérer? Qui ne remarquerait, dès le premier coup d'œil, dans ce masque cette dureté d'âme que porta plus tard sur le trône le frère et l'assassin de Géta, le meurtrier de Papinien, dont l'histoire a pu dire qu'il fut « le plus dur des hommes, parricide, incestueux, ennemi de son père, de sa mère et de son frère (1). »

Quel contraste avec le masque si doux et si reposé de Marc-Aurèle!

Ce buste est bien le portrait que donnent les médailles et les monuments du temps (2) : même œil animé d'une sauvagerie préméditée, même barbe, même chevelure, et ce mouvement de la tête penchée vers l'épaule gauche, pour imiter ridiculement l'attitude historique d'Alexandre le Grand.

(1) SPARTIEN, *Hist. Aug.*, § XI.
(2) *Mus. Clém.*, *Bustes*, t. VI, p. 69, pl. 55. — *Mus. des ant.*, t. II. — *Descript. du Mus. des ant.*, p. 31, 72, 133.

DAME ROMAINE

STATUE EN MARBRE

Cette statue est l'une des plus belles parmi tant d'autres si dignes d'attention.

En tenant compte des attributs qui la caractérisent, on serait porté à croire que l'artiste a voulu en faire une figure Panthée, c'est-à-dire une figure de Déesse réunissant les attributs de plusieurs autres. En effet, les pavots et les épis étaient donnés soit à la Paix, soit à Cérès; le flambeau allumé était l'emblème de Diane Lucifère. Serait-ce une Cérès allant à la recherche de Proserpine telle que Praxitèle en fit une sous le nom de *Ceres Catagusa*, ou *Cérès qui ramène?* c'est ce qu'on ne peut établir d'une manière irrécusable.

Le type particulier du visage, qui est bien remarquable, ferait supposer que cette charmante statue, qui a toute la dignité de pose des dames romaines, est simplement un portrait ou *figure iconique*.

Quoi qu'il en soit, il est difficile de rien voir de plus harmonieux d'exécution que cette délicate draperie et rien de plus gracieux que cette figure, dans son attitude à la fois sévère et élégante.

MARIAGE ROMAIN

SARCOPHAGE EN MARBRE

TROUVÉ AUPRÈS DE MONTICELLI

Longueur : 1ᵐ 99ᶜ

Un personnage en toge, que sa coiffure et sa barbe placent au siècle des Antonins, est représenté dans ce sarcophage prenant part à une cérémonie nuptiale.

Une Victoire, tenant une palme à la main, l'accompagne à l'autel et lui pose une couronne sur le front.

Viennent ensuite un jeune enfant portant des fleurs et des fruits ; puis le *Camillus*, avec sa longue coiffure bouclée, ayant dans la main la *Cerra* ou cassette à encens ; le *Popa* ou victimaire, avec sa massue, maintenant le taureau ou *victima maxima* que l'on doit immoler : on remarque entre ses cornes le gâteau triangulaire, *mola salsa*, qui désignait la victime choisie. Derrière le taureau est un autre victimaire. A la droite du personnage romain se trouve la fiancée.

La Junon *Pronuba* les unit au pied de l'autel, dont la flamme s'allume pour le sacrifice. Vénus, accompagnée de l'Amour et de l'Hyménée, s'approche de la jeune fiancée ; elle est suivie des trois Grâces, qu'une pensée délicate de l'artiste a recouvertes de leurs vêtements : l'une d'elles porte un coffre, qui symbolise les ornements de la toilette et de la parure d'une femme.

Tel est ce bas-relief vu de face. Pour l'exécution, il est digne des beaux temps de l'art.

Aux deux extrémités du sarcophage, des bas-reliefs moins achevés présentent, du côté de l'homme, les occupations de la chasse ; de celui de la femme, les calmes travaux de la vie champêtre.

Le couvercle n'est pas moins bien composé. Ce bas-relief est plein d'élégance. Il personnifie un jour de l'existence humaine. A l'une des extrémités, le Soleil sort de l'Océan représenté devant lui ; le *Phosphorus*, étoile du matin, le précède sous la figure d'un enfant qui élève un flambeau. A l'autre extrémité, la Lune descend, précédée aussi par l'*Hespérus*, étoile du soir, figurée également par un enfant qui abaisse un flambeau renversé. Au milieu, les Parques président à la destinée et au cours de là vie humaine. Jupiter, Minerve et Junon (les trois dieux du Capitole) sont appelés à la protéger.

Aux deux coins du couvercle se voient deux masques tragiques en acrotères ; sur la partie qui répond aux côtés sont deux sphinx, posés l'un vis-à-vis de l'autre.

Ce sarcophage, d'après les détails, dont on vient de donner un aperçu, est l'une des pages les plus intéressantes de l'histoire de l'art chez les Romains ; c'est, par conséquent, l'une des pièces les plus importantes du musée.

PERSONNAGES ROMAINS

DE GRANDEUR NATURELLE

POSÉS SUR UN SARCOPHAGE

TROUVÉS PARMI LES TOMBEAUX DE LA VOIE APPIENNE

———

Ce groupe, sculpté en marbre et posé en couvercle sur un sarcophage, fut trouvé, il y a quelque temps, au milieu des ruines de la voie Appienne.

Le statuaire, qui avait à reproduire sur le même tombeau un homme et une femme couchés l'un à côté de l'autre et faisant face au spectateur, a naturellement placé la femme devant, pour la montrer tout entière, et l'homme derrière, dans le but de n'en montrer que le buste, trait de goût bien digne de l'antiquité et qui se reproduit presque constamment dans des occasions semblables (1).

La femme est vêtue d'une tunique sans ceinture, qui est la *vestis cœnatoria*, l'habit de repas. Elle a à la main la couronne convivale, formée de bandelettes entrelacées et de fleurs. L'homme est couronné de joncs et tient un rouleau de papyrus; il s'appuie du coude sur la tête d'un fleuve, qui personnifie ainsi une source (*caput aquæ*), et pour que l'on ne s'y trompe pas, l'artiste a eu le soin de sculpter un oiseau qui vient boire dans le courant de l'eau.

La coiffure de la femme, aussi bien que la disposition de la barbe de l'homme, permet de placer ce groupe à l'époque de Septime Sévère, dans son meilleur temps. Les accessoires que nous avons décrits ajoutent à son prix.

Le sarcophage sur lequel ce groupe est placé a-t-il, dès l'origine, appartenu à ce monument? c'est ce qui ne saurait se déterminer avec certitude.

Le bas-relief représente des Amours, dont les uns sont occupés à forger les armes d'Énée, tableau rare et curieux, et dont les autres rangent le casque et les pièces déjà achevées. Deux Amours, placés au milieu, élèvent le bouclier, dans lequel on lit cette inscription :

BLAERA VITALIS ⊱ LEG. III AVG. B.M.M.D.

(1) WINCKELMANN, *Mon. ined.*, pl, 20. — *Museum Guarnaccium, Sarcophages*, pl. 6 à 14.

FIN.

INDEX ALPHABÉTIQUE

TEXTE ET PLANCHES.

A

ABONDANCE (Julie, fille de Titus avec les attributs de l'), 82. ACERRA, cassette à encens, 107.

ADRIANA (VILLA). On y a trouvé le buste d'Adrien, 87; celui d'Antinoüs, 90; les deux candélabres en marbre, 51; la statue de Claude, 70; l'hermès de la comédie et de la tragédie ou de Sophocle et d'Aristophane, 46; la statue couchée de l'Hermaphrodite, 32; le buste de Julie Sabine, femme d'Adrien, 89; la Minerve Pacifique, buste, 4. — ADRIEN, buste colossal, 88; demi-figure, 87.

ÆLIUS CÉSAR, statue, 91.

AGESANDER, Laocoon, 43. — AGNOMEN, surnom chez les Romains, 62. — AGORÉE (MERCURE), statue, 5. — AGOSTINI (Leonardo), Omphale, 29. — AGRIPPINE, femme de Claude, 70. — AGRIPPINE, femme de Germanicus, buste, 66.

ALBA (LAC D'). On y a trouvé le Jupiter colossal, 1. — ALBANO. On y a trouvé la demi-figure d'Antonin le Pieux, 92. — ALBIN (Médailles d'), Minerva Pacifera, 4. — ALEXANDRE LE GRAND, demi-figure, 50. — ALTEMPS (GALERIE), à Rome. — Livie en Junon, 60. — Minerve Pacifique, 3.

AMMON, hermès, 46. — AMOURS forgeant les armes d'Énée, sarcophage, 108.

ANADYOMÈNE (Vénus), 7. — ANALECTA DE BRUNCK. Vers de Christodore, 45. — ANTINOUS, buste, 90. — ANTINOUS, du Belvédère ou Mercure Lantin, 5. — ANTISTHÈNES, hermès, 46. — ANTONIA, femme de Drusus, buste, 68. — ANTONIN LE PIEUX, demi-figure, 92. — ANTONIN (Lucius Vérus, fils adoptif d'). — ANTONINS (maison des), 91. — ANTONIN (VILLA D'), à Lanuvium. Lucius Vérus, 97. — ANTIUM. On y a trouvé la Junon, 2; la Vénus, 7.

APOLLON, torse en marbre; 45. = (temple d'), Famille de Niobé, 39. = et MARSYAS, sarcophage, 25. — APOXYOMÈNE, Thésée, 40. — APPIEN, généalogie de César, Vénus Genitrix, 9. — APPIENNE (VOIE). On y a trouvé les deux personnages romains sur un sarcophage, 108; le buste de Sextus Quintilius Maximus, 104; la statue de Thésée, 40.

ARDÉE. On y a trouvé la statue d'Érato, 23. — ARISTOPHANE, hermès, 46. — ARNOBE, Mercure, 5. — ARSINOE, Naïade sur un cygne, 26.

ATHÉNODORE, 43. — ATHLÈTE JEUNE, statue, 36.

AUGUSTE JEUNE, 58. — AUGUSTE; il prononce à douze ans l'éloge de son aïeule Julie, 58. — AUGUSTE ASSIS, statue, 59. = demi-figure, 64. — AUGUSTÆUM de Dresde, Silène, 30. — AURÉLIUS (Victor Auguste), 59. — AUSONE (Vers d'), sur Urania, 21. — AUTRUCHE ou cheval ailé, Naïade sur un cygne, 26.

AVENTIN (MONT). On y a trouvé la statue d'Alexandre le Grand, 50. = Celle de Germanicus, 65.

B

BACCHUS, statue, 11. = (ANTINOUS avec le caractère de), 90. — BARBERINI SCIARRA (COLLECTION), Caïus Marius, 52. = Sylla, 53. = Bellori, Sophocle, 46.

BERNIN (LE), a restauré le groupe de l'Amour avec Cupidon, 8.

BLAERA VITALIS, inscription sur un sarcophage, 108.

BONUS EVENTUS (Ælius César sous la figure de), 91. — BORGHÈSE (GLADIATEUR), Thésée, 40.

BRASCHI (MUSÉE). On y a conservé la statue d'Antinoüs, 87. — BRUNCK (ANALECTA DE), vers de Christodore, 45. — BRUTUS (MARCUS), statue, 54.

BULLE D'OR, Annius Vérus, 96.

C

CÆRE, ville d'Étrurie. On y a trouvé la demi-figure d'Auguste, 64.

CALIGULA, buste, 69. = Son portrait par Suétone, 69. = Fait transporter à Rome le Cupidon de Praxitèle, 10. — CALLIOPE, statue, 22. — CANDÉLABRES (EN MARBRE), 51. — CANOVA, ses deux Terpsichores, 24. — CAPÈNE (porte) à Rome. On y a trouvé le buste de Marc Aurèle empereur, 94. — CAPITOLE (MUSÉE DU), Adrien, 87. — Agrippine, femme de Germanicus, 66. — Alexandre, 50. — Antinoüs, 90. — Antonin le Pieux, 92. — Apollon, 45. — Aristophane, 46. — Auguste, 59-64. — Bacchus, 11. — César, 57. — Ælius César, 91. — Clodius Albinus, 103. — Cupidon, 10 — Faustine, femme de Marc Aurèle, 95. — Homère, 44. — Julie, fille de Titus, 82. — Julie Sabine, femme d'Adrien, 89. — Jupiter colossal, 1. — Léda (groupes de Léda), 28. — Livie en Junon, 2. — Lucille, femme de Lucius Vérus, sub figura Musæ, 99. — Marc Aurèle, empereur, 94. — Caïus Marius, 52. — Minerve Pacifique, 3-4. — Nerva, 83. — Niobé, 39. — Plotine, femme de Trajan, 86. — Sapho, 47. — Sénèque, 73. — Septime Sévère, 104. — Socrate, 48. — Thalie, 46. — Titus, 80. — Trajan, 84. — Vénus, 7. — Virgile, 63. — CAPITOLINUS (JULIUS), Antonin le Pieux, 92. — Clodius Albinus, 103. — Lucius Vérus, 97. Pertinax, 102. — Caput Aquæ, 108. — Catagusa (Cérès), figure panthée, 106. — CATULLE (vers de) sur Arsinoë, 26. — CARACALLA (Thermes de). On y a trouvé le buste de Sapho, 47. = Buste, 105. — CARNÉADES, hermès, 46.

CÉRÈS (ATTRIBUTS DE), figure panthée, 106; = (fêtes de), Lychnophore, 87; = (Livie en), 60; = dans le sarcophage d'Apollon et Marsyas, 25. — CÉSAR (Jules), sa statue, 57; ses Commentaires, 57; sa généalogie, 9; = (MÉDAILLES DE), Vénus, 9.